Nachgefragt:
Flucht und Integration

Basiswissen zum Mitreden

向下扎根！
德國教育的公民思辨課————4

什麼是難民、族群融合、
庇護政策或仇外心理？

看見他人困境的理解能力

Christine Schulz-Reiss　克莉絲汀·舒茲—萊斯｜文
Verena Ballhaus　薇瑞娜·巴浩斯｜圖

姬健梅｜譯

目錄

1 在路上　27
Unterwegs

8 讓我們一起努力 135
Packen wir's an!

總導讀 「借鏡」德國教育的公民思辨課

沈清楷 | 比利時魯汶大學哲學博士

「向下扎根！德國教育的公民思辨課」這套書系列開頭三本分別是《人權與民主篇》、《政治篇》、《哲學篇》，它假設了，人活在民主的共同體與世界中，所不可或缺的基本知識。

什麼是「基本」知識？它指的是每一個人都要會的。很可能是我們自以為會的東西，而我們卻不懂或早已遺忘的。另一方面，「基本」知識也可能代表一種「理所當然」的知識。不過，那些我們以為理所當然的事情，卻可能是有問題的，而早已成為我們思考或推論的前提。若是如此，我們依據「所謂的」理所當然所推論出來的東西，會是錯誤或是帶有偏見的。是否因為我們缺乏反思這樣理所當然的機會，而一再積非成是？

就是人在質疑「理所當然」，並且重新回到「基本」，反思自己的前提以及背後整個價值系統，才能更理解自身，澄清思考與行動基礎的來源。即使這樣回到基本的過程中，最後了解到自己過去所認識的是盲目的，這也是一個重新認識自我的開端。

1. 對人的想像

當我們談論人性尊嚴，看似是自然而然的，或是將它視為一個不可侵犯的價值，然而人性尊嚴的確立，在西方

歷史上卻經過一個漫長的道路，歷經「神權、君權、人權」不斷抗爭的過程，才稍稍地在制度上肯定人之為人的價值，逐漸地確立國家必須為了保護人民而存在。不過，即使一個再完善的制度，如果不被監督、無法自我反省，它將會反過來，逐漸從「讓人自由」變成「讓人成為奴隸」，制度也會從保障自由轉變成箝制個人自由的枷鎖。

因此，儘管人類看來變得所謂文明了，卻依然有奴役與剝削他人的現象，相互蔑視而無法相互肯認，為了自己的利益不惜犧牲他人，甚至更多的機巧輔助了一種更大的殘忍，文明無法讓我們停止懷疑人性、擺脫人類固有的自私，人依然壟罩在「我是誰」的巨大謎團當中。但是我們也發現到一些充滿希望的靈魂，他們認為人對自己有責任，相信存在的勇氣，面對任何的不公不義，努力介入，並思索著既然我們並非那麼相信人性的良善，人會被惡所引誘，那麼應該建立起一個好制度。不過，任何的制度都可能避免不了腐化，透過制度來圖利自身，而形成更大的惡。即使一個標榜人民主權的民主國家，它會是保障人權價值的良心所在，也可能變成一塊遮羞布。一個國家是否民主，是依它能保障多少「個人」的人權做為指標。

根據《世界人權宣言》揭櫫所保障每個人享有的權利與自由「不因種族、膚色、性別、語言、宗教、政治或其他見解、國籍或社會出身、財產、出生或其他身分等，而有任何差別；並且不得基於個人所屬之國家或領土上政治、法律狀態或國際地位的不同而有所區別。」《世界人權宣言》明示著人性尊嚴必須不斷捍衛，必須避免苦難重覆

不斷地發生在每個人身上。自1948年宣讀開始，根據捍衛不同形式的人權，許多跨國性組織不斷地催生、集結，規範並制止現代國家用各種形式迫害自己的人民。透過一次次的救援行動，對那些不被聞問的弱勢個體，伸出援手，將個人良心凝聚成集體的關懷。如著名的國際特赦組織，試圖營救威權統治下的異議分子，反對國家可以不經正當程序，就隨意地逮捕、監禁、施加酷刑，甚至在毫無辯駁的情況下不明不白地被處死。在台灣過去的戒嚴年代，也曾因為國際特赦組織的援助，將威權時代那些勇敢爭取人權的人拯救出來。

《人權與民主篇》透過聯合國人權理事會、聯合國兒童基金會、無國界記者等堅持基本人權價值的眾多不同組織的介紹，不僅對照出那些虛弱悲觀靈魂的自怨自艾，而助長了壓迫與自私，也提醒了我們：是否對那些一波波正向我們侵襲而來的不公平浪潮渾然不覺？是否我們對人如何朝向共善的想像依舊不足？

2. 政策只能由政府主導嗎？

沒有人可以獨自生活，在共同生活中也不存在一種永久和平：人會彼此爭吵，甚至武力相向。當然，如果在共同生活中，找到一種協調的方式，不僅使得人與人之間不至於陷入永恆的衝突，還可能基於某種理想的設定，增進彼此的利益，產生一種良性的互惠，增進整體共同的善，讓「公共性最大化」。無論如何，共同生活中，我們必須要去設定一個共同努力的目標。然而，政治中所有利益的

什麼是難民、族群融合、庇護政策或仇外心理？

角力不見得是以公共化為主，反而有許多不同的力量，企圖將公共利益變成私人利益，因此，政治制度的設計和反省有其必要性。我們政治制度的反省有兩種，一種是效益性的反省，另外一種是從價值面的反省。因為政治制度容易淪為官僚化，看起來具有某種程度的效益，卻也容易陷入「依法行政」而導致「惡法亦法」，讓保護人民的法律僵化在形式主義的思維當中，也因此，當政治制度無法被反省，無法回到原初設計的價值設想當中，就容易陷入一種政治危機。

當我們問：政治是什麼？同樣也在問我們要什麼樣的政治？政治是否只是少數政治人物在媒體上讓人厭煩的喧囂？當我們具有一種判讀能力，還是可以在這些喧囂中辨識出真假與良善之所在。而最讓人擔心的是人們對政治的冷漠，乃至於進入到「去政治化」的狀態之中，因為去政治化的語言，就是一種用來鞏固保守勢力的政治化的修辭，進一步地讓政治孤立轉換成個人存在感的孤單，讓不談政治變成一種清高的道德姿態，當政治用更加複雜的語言試圖讓你覺得不用、也不需要知道政治人物在做什麼的時候，這就是我們應該要警覺的時候，因為政治之惡可能在我們的冷漠與無感當中發生。

《政治篇》從公民權到聯邦制的介紹，從政黨政治、權力分立到法案通過，以及各種不同的政治理論從左右光譜到各種主義如資本主義、自由主義、社會主義、共產主義所代表的不同含義，乃至於稅收與分配的問題，到尖銳的金錢與政治之間的關係，擁有公權力者的利益迴避

原則，以及媒體作為第四權如何監督這些擁有權力的人。從關心自己的國內政治到國際地緣政治的思考：日內瓦公約、北大西洋公約組織、冷戰、歐洲共同體以及聯合國安理會、國際刑事法院等這些不同組織的介紹，說明一種政治教育的廣度，提供我們理解，作者想要傳遞什麼樣的政治思考給下一代。

歐洲極右派的出現，甚至新納粹的發生，以及來自於恐怖主義的威脅，德國人是否應該堅持哪一種國家主權的辯解，而對於難民、移民置之不理？還是去理解排外情緒如何被操作以及某種冷靜理性思考的必要？政治教育的目的，不僅給未來的政治人物參考，也提供現在的政治人物機會去反思從政的目的，如果不是競逐利益的話，提醒他們原初對公共性嚮往的從政初衷。

3. 我和世界

「何為哲學？」這雖然是大哉問。我們依然可以從哲學這個學科所面對的事情來理解「哲學是什麼」。哲學面對「存在」（being）的問題，從而去思考存在以及這個世界背後的原因原理、去思考什麼「是」（being）真的、人如何存在（to be）、行動（動機到結果之間的關係）。或者我們可以簡單化約為兩個，面對「世界」和面對「自我」，接下來所面對的是「兩者之間的關係」。哲學要求針對以上這些問題進行後設思考，不僅反思各種可能性，還在可能性中尋找可行性。也就是靜下心去思考那些被我們視為理所當然的事，這些理所當然也往往充滿了條件性的偶然。

古希臘哲學家高吉亞（Gorgias）宣稱「無物存在、即使存在也無法認識、即使認識也無法告訴他人」，徹底質疑我們所謂的理所當然：「存在」、「認識」、「人我溝通」，雖然他正在把他的認識告訴我們，而產生自相矛盾，卻也提供對我們認識確實性的反省。到笛卡兒（René Descartes）提出「我思故我在」，主張即使懷疑也必須有個懷疑的我，即使被欺騙也要有一個被欺騙的我，我們得出一個不可懷疑的我，或是更精準地說是那個思考我的確信。不過，這個「思考我」的存在如果沒有進一步填充其內容，它卻很可能是空洞的。

我們可以在廣義的存在主義者身上，看到人雖然肯定自我存在，但卻會是一種空洞的確信，人因而不斷地焦慮著自身存在的意義，而產生了虛無感。存在是一種行動，而行動則是不斷地面臨選擇，因此選擇成為一個人在面對自我及其行動不可避免的態度，雖然如沙特（Jean-Paul Sartre）所說的「不選擇，也是一種選擇」，但是為了避免「選擇」一詞語意過於空洞，而迴避了選擇，我們則可以進一步說「選擇的選擇」和「不選擇的選擇」是兩個不一樣的選擇。

人有選擇的前提，在於他擁有自由，雖然這樣的自由是有局限的。人只要依自己所認為的、所希望、所欲求的……自由地去行動，他就必須擔負起行為的後果。因此，自由與責任之間是密不可分。不過，當我們進一步將真、假問題放進自由與責任中，就會展開一連串的辯證，從而了解到自己並非如此的自由，或是責任可能成為他人

剝削我們的道德話術等等。

《哲學篇》中，作者不採取哲學史或概念系統的方式寫作，試圖將哲學知識「化繁為簡」，並建議我們「隨意翻閱」，是因為我們總是要有個機會脫離系統性的知識建構，但這並非意謂著「隨意閱讀」，而是放開既定的框架，留有餘裕地重新思考我們周遭以及自身上所發生的事情。

結語

當我們羨慕歐洲的教育制度之際，羨慕人才養成是多麼優秀，這並非是人種的聰明才智，而是教育制度與外在環境所形塑出來的。「人性無法進化」，我們無法將自己所累積的知識、經驗，透過遺傳讓下一代自然獲得，因此，一旦，我們不認為知識的傳遞是必要的，上一代所累積的知識將一點一滴的流逝，過去的知識，若是不透過教育傳承，前人苦思反省所得到的智慧注定消失，人將會從頭開始，不斷地重來，包括重複著人性中的殘忍與貪婪。不過，人類文明的發展中，它卻可以藉由制度創造某種良善的基礎，在教育中緩解人性中無法避免的貪婪。在這套「向下扎根，德國教育的公民思辨課」的叢書出版之際，台灣現行的12年國教課綱，將最能帶給學生反思能力以及國際交流能力的學科──社會科（歷史、地理、公民）的必修時數，從8小時變成6小時。「借鏡」這套書，或許可以幫我們思考台灣教育改革之「未竟」，台灣現行的教育制度中，遺漏了什麼？

正視他人的苦難 總導讀（續 文）

沈清楷 ｜ 比利時魯汶大學哲學博士

2015年伊拉克籍難民3歲小孩亞藍（Alan），隨著父親、母親、哥哥逃難，溺死後倒臥在沙灘的照片震驚了全世界，激起了人們對難民的關注。2016年統計數字：全世界有6,500萬名難民，半數是兒童或未滿18歲的青少年；世界最大難民營在肯亞，收容35萬索馬利亞難民。

這些難民怎麼來的？因為國與國的戰爭、內戰、國內威權政治的壓迫，而可能遭到拘禁、虐待、屠殺，不得不到另外一個國家流亡，或被迫在自己的國家中流浪。據統計，共有3,800萬人在自己的國家中逃難。當然還有在資本全球化下，強國對弱國的資源掠奪後，造成當地人無法生存。如果他們不願意忍受貧困，只能被迫出走。因此，不管是因為天災或人禍，只要是為了活下去而被迫離鄉背井的人，我們都可以在廣義上稱之為難民，而有別於自願性的「移民」，或是在某個地方居住的「居民」。

第二次世界大戰結束後，德國接收了3,000萬名難民；2010年底阿拉伯之春後所引爆的內戰，促使德國自2013年開始接收大量逃往歐洲的難民，人數超過170萬。「向下扎根！」系列第四本《流亡與融合篇》仔細爬梳德國目前正在經歷的「難民」議題，提供我們許多資訊，除了深入淺出，更縱深地交代了以歐洲歷史為主的世界流亡史脈絡。本書作者讓我們見證大規模難民潮出現之際，國際人

道救援行動之間的互助，不過這樣的義舉，卻並非不用考慮可能遭遇到的困難：國家接收難民與接收多少才不會超出自身的負擔？如何避免犯罪集團假藉難民身分，惡意利用接納國的善意，反過來對國內安全產生威脅？在接納難民之際，要如何避免國內仇外心態的孳生？

對難民本身而言，如何成為移民到居民，並且進一步與新的語言、新的生活價值觀以及在保有自身文化下在地融合，是一大挑戰。對當地居民來說，接納語言不通的陌生人，亦非易事。即使接納國的人民可以理解他們迎接的是一群遭逢苦難的不幸者，也很難去除掉本位思考。因此，難民的問題，執政者需要更大的耐心去溝通，注意不要被像是「德國屬於德國人」這般簡化卻具有煽動性的保守語言所驅動，並要小心被各種包裝過後的歧視性言論潛入內心的陰暗處，而讓偏見合理化後正當化對外人仇恨，從而加深未來共同生活中人與人之間的隔閡與對立。

作者克莉絲汀・舒茲－萊斯傳遞的不僅只是歷史與當下流亡苦難的訊息，還充滿著對人性的理解與體貼，使人了解到人在自我生命保存時，難免產生對陌生的猜疑、對不確定的恐懼。作者也提醒我們不要被恐懼所綁架，而喪失了覺察的能力；讓偏見流竄在社會中，而破壞共同生活下所需要的信任。面對難民問題，或許我們不時會聽到類似「他人的死活，甘我何事？」「自己都顧不好了，何必管別人」的話語，儘管這種直覺性刺耳的語言，所顯露出人性的殘忍與自私會讓我們失望，不過，我們也可以看到許多人努力救援陌生的他人時，在自己所剩不多，還願意

與他人分享自己僅有的部分。我們所發現的不再只是
苦難，而是人性中可貴的光亮。

面對難民問題，沒有人是局外人

陳中芷 | 自由寫作者

2015年9月土耳其安道魯通訊社（Anadolu Agence）發布攝影記者尼露菲兒・德米爾（Nilufer Demir）一張3歲小難民穿著紅衣伏屍沙灘上的新聞照，瞬間吸引全世界關注當今敘利亞內戰引爆的難民問題，台灣網路社群和新聞媒體分享轉發的熱潮也不遑多讓。這張照片相當程度為德國總理梅克爾對難民的歡迎政策，做了某種正當性和道德性的背書，然而難民所挑戰的不在於接收的人道初心，而是隨後社會融合的困難。短短數月後的跨年夜，德國科隆街頭爆發大規模的性侵，涉案者多為北非難民。這性侵案在傳媒推播下，改變了德國社會對難民收容的正面態度，甚至難民的收容與安置更進一步引發歐盟分裂的危機。從敘利亞內戰、逃亡潮、難民政策、社會融合困境，到基本人權價值的爭議，乃至德國、歐盟是否有能力維持一個民主開放的政治環境，這一切與我何干？又與遠在天邊的台灣有何關係？

克莉絲汀・舒茲－萊斯在「向下扎根！德國教育的公民思辨課」系列中，繼《哲學篇》、《政治篇》、《人權與民主篇》之後，在2016年寫了這本《流亡與融合篇》，解釋當前對人權政策與民主秩序最棘手的挑戰。她以一貫簡明的風格，從過往歷史、宗教背景和政治經濟因素等不同面向指出，逃難經驗遍及世界貫穿人類歷史。事實上，對難

民與收容的群體來說，兩者都面臨融合的考驗，其中最難消融的是雙方因恐懼而起的偏見與仇視情結。作者針對年輕讀者特別簡介隻身上路的難童境遇，從逃難開始到最後篇章「對陌生人的恐懼」、「我們如何被塑造」，全書短小卻像剝洋蔥般層層推進，展現出一種不帶成見「看到」他人困境的理解能力。她以德國政治庇護的現況扣上《人權與民主篇》一書，重申一個反省：「我們」這些富裕國家對他國的貧困，以及造成他人流離失所的戰爭有什麼責任？最終證明了一句話：沒有人是局外人！相當程度契合台灣社會運動現行的思考。

值得台灣讀者省思的是：不論是面對社會弱勢者或是外來移工，我們一方面習慣從他人苦難中投射自身，難以放下自我拉出距離去理解陌生人；另一方面喜歡以搏感情的方式處理社會衝突，欠缺同理心面對常規之外的不同，也無法正視差異挑戰。舒茲－萊斯針對難民問題的分析，奠基在一個基本命題：我們要什麼樣的共同社會生活？這也是這套「向下扎根」書系的核心關懷。難民衝撞的不僅是國籍限制，更是關於「我們」對自身的界定。一個能達到和而不同、容納差異的社會，就愈能體現民主與人權的價值。對台灣社會而言，或許歐洲難民問題顯得遙遠，但是台灣歷史從不缺外來者融入當地的挑戰，不論成敗，終究每個人都得為共同社會生活負起一己之責。而正是負責的體認，讓「沒有人是局外人」這句話成為行動的開始。

族群衝突——
公民思辨最棘手的議題，也是無可取代的試金石

黃哲翰｜udn轉角國際特約作者

　　本書在德國出版於2016年9月，正是難民潮衝擊德國社
會的一週年之際。當時，德國公民之間的辯論已呈現各種
歪樓，焦點也從難民政策一路擴大到族群問題，最後上綱
成所謂「伊斯蘭辯論」。

　　對接收難民持懷疑態度者，將「伊斯蘭」、「社會安
全」、「族群融合」這三個概念打包在一起，彷彿所有社會
安全和族群衝突的問題，都可以被歸咎於伊斯蘭文化。接
著就讓問題演變成傳統的「德意志文化」與外來的「伊斯
蘭文化」的對立。

　　當焦點集中在「文化」這麼抽象的概念時，事實就變
得不重要了：造成遷徙流亡的原因是什麼？德國該負多少
責任、擁有多少資源和能力？德國目前有多少移難民？他
們在德國居住、領取補助、工作與參與社會的現況如何？
他們都是穆斯林嗎？他們犯罪率真的比本地居民高嗎？穆
斯林族群的犯罪情況和他們的文化有關嗎？可蘭經的教義
真的挑戰了德國的民主憲政嗎？——這些問題往往被群眾
所忽略。

　　這並不令人意外。因為「文化衝突」、「傳統與外來的
對立」這種高度開放的題目，既能輕易地引發激情和成
見，又允許人們不必費力去考慮事實問題，就能憑個人直

覺想像來發揮，上場參加鄉民大亂鬥的擂臺賽。

　　最激烈的案例，是2015/16年跨年夜在科隆發生的集體性侵害案所激起的大辯論。

　　事發當夜約有2,000名外國人在科隆車站前廣場附近聚集狂歡，隨即發生酒醉扭打、煙火砲擊人群，乃至於侵犯女性路人的事件。在遭到警方驅散後，他們流竄開來，繼續成群在周遭隨機侵犯路過的女性，約有1,200名受害者。

　　事後證實，嫌犯絕大多數來自北非的摩洛哥和阿爾及利亞，幾乎都是年輕男性。他們之中不少是非法入境德國尋找工作機會，也有正在申請政治庇護者。

　　許多德國鄉民的怒火隨即擴大到概括反對一切難民，並且信誓旦旦地指控：「所有難民都是性侵害慣犯」、「伊斯蘭文化歧視女性」、「穆斯林不遵守德國法律」。

　　然而，卻很少有人在意以下事實：這群年輕嫌犯和入德難民潮的大宗分屬不同族群，他們宗教信仰的色彩也普遍不明顯，而德國社會長久以來就已存在一大群融合情況良好的穆斯林公民。

　　反難民聲浪的嚴重失焦，同時牽動了同情難民的陣營：後者擔心助長日益失控的種族偏見，於是只能僵硬地堅持難民的人權，卻刻意諱言確有部分難民犯罪的情事，不敢對某些伊斯蘭族群內確實存在壓迫女性的情況置喙，也不願正面討論有大量非法移民趁著難民潮混入德國的事實。

　　同情難民者這樣的態度，正好坐實了反對者對前者「政治正確」的指控。

關於接收難民的議題，在贊成與反對之間，原本就存在光譜上各種不同的考量。但是當輿論圈形成了一方面不想談事實，而另一方面不敢談事實的態勢，所有人就被迫要在兩種極端對立的意識型態上選邊站：一邊是高舉人權和自由的「性侵共犯」和「恐怖主義同情者」，另一邊則是代表沉默大眾捍衛家國文化的「納粹信徒」和「種族歧視者」。

　　與事實脫節的言論大亂鬥，讓各地頻繁發生族群暴力衝突，最後也讓擅於煽動對立、玩弄民粹手法的德國替代選擇黨（AfD）在選舉中大量收割選票。

　　在學習公民思辨與公共議題討論時，我們必須先提醒自己：多數情況下，真理只會愈辯愈混亂，而溝通也無法改變彼此的態度和立場。能夠釐清真相和改變態度的決定性關鍵，不是言詞，而是事實。

　　而「流亡與融合」這個題材所涉及的事實，又往往比我們所想像的更加複雜離奇。流亡的動機是曲折的，流亡者的行動也經常混著合法與非法的決定，並且各人的族群認同觀也不能被一概而論。在此，我們會頻繁遭遇尷尬的兩難處境，考驗我們對人權、自由、秩序等原則的堅持。

　　就像許多哲學問題一樣，愈是貼近遷徙、流亡、衝突、融合等問題的真實樣貌，我們就愈不清楚什麼才是最好的解答。我們必須時時意識到自己的無知，不能因為高舉了普世原則、或自認占到道德高地，就因此懈怠。

　　「流亡與融合」，或說「族群衝突」這個題目，對於公民思辨而言，是最棘手的議題，同時也是無可取代的試金石。

這本書以清晰易讀的文字，翔實彙整了參與討論必備的各項基本事實，並且透過事實的鋪展，引導讀者逐步思考一系列的政治和倫理原則。

　　以本書做為起步，能讓我們期待這樣的討論文化：當人們堅持正確的理念時，不再流於空洞僵化，也不再因此被酸成「左膠」或「覺青」。而當人們想要如實表達不安與疑慮時，能夠基於事實，找到恰當的表達方式，不必再透過傷害特定族群的偏見來宣洩，也就不必再委屈被當作政治不正確的反動分子了。

前言

無一日無難民，而疑問接踵而來：他們是從哪裡來的？又為什麼來？他們全都想到德國來嗎？難民潮永遠沒有結束的時候嗎？而這件事和我們又有什麼關係？關係可多了，比你想得到的更多！我們也一再看見駭人的畫面和新聞：看見人們絕望或憤怒地搖撼邊界的柵欄，看見許多人在地中海上或沙漠中喪命的悲劇，看見難民收容所遭到攻擊。還有沒完沒了的討論，關於我們能否做到讓已經來到和將會來到德國的人融入我們的社會，而又該如何做到。有些人根本就拒絕外來者，喊出了「德國屬於德國人」的要求。可是究竟誰是德國人呢？另外一些人則不多問什麼，而是直接動手幫忙。一旦談起難民與融合這個話題，就可能會引發激烈的討論，不管是在家裡、在學校還是在朋友圈中。針對這個議題有許多不同的看法。而這一切其實並不新鮮：逃難和驅逐一直都存在，是人類歷史的一部分，可以說是始於亞當和夏娃。一再有大批人群被迫離開故土，動身去尋找一個更安全的新家園。他們從來不是自願離鄉背井。

單是在二次大戰結束以後這70年來，就有超過3,000萬人（！）來到德國：包括因為戰爭而遭到驅逐的人、尋求政治庇護的人、逃離內戰的人或是「越南船民」、外籍勞工以及工作移民。他們當中只有極少數受到德國民眾的真心歡迎。但事實上在德國沒

有誰因此而過得比以前差，正好相反，不管是當年還是現在。如今已不再有人談起早年來到德國的難民和移民，這其實很可惜，因為他們會有很多故事可說。他們的子孫早已成為和我們一樣的德國人，屬於德國，並且共同塑造了這個國家。假如沒有他們，我們就不會是現在這個民族、這個國家。

到底什麼是難民？他們究竟是什麼人？移民又是什麼？申請政治庇護的權利跟什麼有關？從什麼時候開始有了這種權利？誰來決定一個難民是否可以留下來還是必須再離開？這又是取決於什麼？為什麼宗教和婦女等議題忽然變得這麼重要？「那些人」有什麼不同？他們真的和我們不一樣嗎？什麼是融合？是「那些人」得要融入我們，還是我們得讓他們融入？那些從其他國家和文化來到德國的人應該要變得和我們一樣嗎？這可能嗎？而且是個值得追求的目標嗎？在這本書裡你會找到針對這些問題和許多其他問題的回答。你可以從頭讀到尾，也可以先挑出你特別感興趣的章節來讀。無論你選擇怎麼讀這本書，到最後，在有關難民與融合的各種資訊、成見與觀點當中你就更能夠找到頭緒。之後你就能形成自己的看法，能夠在大家談到這個重要議題時參與討論，不管是在家裡、在學校或是其他地方。在本書的末尾你會找到一些建議，關於你或你們可以如何主動去做一些事，只要你們願意。此外在書末也會提供延伸閱讀的資訊，並且把重要的名詞再簡短解釋一次。

1

在路上
Unterwegs

被驅逐與
逃難——
那是什麼感覺？

好險躲過一劫！儘管如此，提姆仍舊害怕得膝蓋顫抖，出了一身冷汗。在最後關頭他得以衝進一棟屋子敞開的大門，躲過一群好勇鬥狠的幫派少年。

那些傢伙當中有一個拿著刀子。假如那扇門不是剛好開著，對方會把他怎麼樣？好幾個星期以來，這個為非作歹的幫派就在提姆住的城區橫行，威脅別人並且竊取財物。雖然最近警車更常出來巡邏，但那群凶狠的傢伙不久前逮住了提姆的一個同學，把他揍得很慘。從那以後，提姆和他的朋友就不敢再到他們平常踢足球的地方去，就連上學時也會繞一大段遠路。他們從前熟悉的「地盤」成了「禁區」，成了一個誰都無法安全走動的地方。而對那群壞傢伙的恐懼就連在睡夢中都糾纏著提姆。他常常從夢中驚醒，一顆心怦怦狂跳，難以抑制的憤怒朝他襲來。可是他又能怎麼辦呢!?不久前，提姆聽見爸媽在討論是否該搬到另一個城區。單是想到這件事提姆的淚水就在眼眶裡打轉，這表示他得揮別他的朋友，離開自己熟悉的環境，從而失去一部分故鄉。就只因為那些討厭的傢伙！

　　和全世界約莫6,500萬個難民的命運相比，提姆的遭遇不算什麼。有這麼多人被暴政和暴力從故鄉驅離（2016年的統計數字）。這些難民中有半數是兒童或不滿18歲的青少年，其中有數十萬人孤伶伶地上路。這些無家可歸的人有些是被交戰的政府軍和反抗軍給趕走，有些是因為天災或人禍奪走了他們的生計，使他們不得不離開家園。在這種情況下，除了暴力和

暴政之外，他們還得忍受飢餓。對許多人來說，他們在自己的國家裡既得不到保護，也得不到幫助。也有些人是受到民兵組織的威脅，那些民兵迫害每一個與他們意見不同、信仰不同或種族不同的人。在世界各地，每天都有45,000人在這種困境下逃離家園。他們當中沒有人是自願的。

在電腦遊戲「逃亡是最後的出路」(www.lastexitflucht.org)裡，你可以「親身體驗」難民都害怕些什麼。

即使提姆親身體會到對暴力的恐懼，但他知道自己有相對安全的地方可逃。可是在那些炸彈從天而降，把房屋、街道和村莊都炸成灰燼的地方，那裡的人能逃往何處呢？那些不知道自己居住的城區明日是否遭殃的人又該怎麼辦呢？如果隨時會有身穿制服的人出現在門口，把父親和兒子帶走或就地格殺，侵害女孩和婦女或者綁架她們，這些人該逃到哪兒去呢？一個人要在什麼地方才能感到安全？要如何才能感到安全？單是看見被戰爭摧毀的那些敘利亞城市的影像就夠可怕了，不過我們知道那發生在遙遠的地方。隨著難民的到來，這份恐怖忽然出現在我們門前。從那以後，「樂園般的處境」就不復存在，人類必須要自食其力。

敘利亞城市霍姆斯（Homs）被炸毀的住宅區。

不聽話的人就得走！
這是從什麼時候
開始的？

你讀過世上最古老的難民之書嗎？那就是《聖經》。在上帝創造世界的故事中，一開始亞當和夏娃就被逐出了樂園，因為他們摘食了禁果。

經濟難民一詞帶有貶意，是指那些為了逃離飢餓和貧窮而離開家鄉的人，因為他們在家鄉沒有未來可言。

我們未必要相信《聖經》裡的故事，但事實是這些故事在好幾千年前被寫下來。這顯示出「驅逐」和「逃離」自遠古以來就是人類生活的一部分。像這樣的故事在《聖經》裡並不少見。亞伯拉罕由於一場旱災而逃往埃及，他是猶太教徒、基督徒和穆斯林的共同祖先。因此他可說是人類史上最早的經濟難民。其他人追隨他的腳步，例如雅各：「我祖原是一個將亡的亞蘭人，下到埃及寄居。他人口稀少，在那裡卻成了又大又強、人數很多的國民。」（《聖經》〈申命記〉26:5）好幾個世紀之後，這個民族的後代逃離了埃及人的奴役，再度遷徙回到他們最初的故鄉，回到「應許之地」迦南，趕走了當時已經在該地居住了好幾個世代的人。另一個例子是耶穌，在基督教信仰中他乃是上帝之子。耶穌的父母必須帶著他逃走，以躲避下令殺死境內嬰兒的希律王。後來耶穌因為詮釋《聖經》的方式與學者不同而遭到迫害，釘死在十字架上。信奉耶穌的人在好幾個世紀之後仍得為自己的生命擔憂。在兩千年後的今天，仍然有許多人由於自己的信仰而遭到迫害。

　什麼是難民、族群融合、庇護政策或仇外心理？

「有些人想要躲避敵人的武器，自己的土地因此被人奪走。另一些人則是由於住所被毀而移居他處，或是因為人口成長而導致資源不足。」

什麼時候整個民族會開始遷徙？這種遷徙發生在哪些地方？

這段文字是羅馬作家塞內卡（Seneca, 約4B.C-65A.D.）於將近兩千年前寫下。他表示：「持續地改變是人類常態。」他回顧比他早了一百年的辛布里人（Kimbern）和條頓人（Teutonen）＊，當時他們從如今的丹麥朝南方出發，而他們這麼做並非為了流浪或是冒險。塞內卡說：「沒有人是自願離開的。」他列舉了一些疾病，像是瘟疫，男性為了逃離這些疾病而離開，並且帶走「妻子、兒女和年老體衰的父母」。四百年之後展開了我們所謂的「民族大遷徙」：當時許多日耳曼民族離開他們的家鄉，像是阿蘭人（Alanen）和哥特人（Goten）、法蘭克人（Franken）、倫巴德人（Langobarden）、汪達爾人（Vandalen）。他們之中大多數人之所以逃走是因為匈奴人從東方的草原逼近，而眾人都畏懼匈奴人的凶殘。那些遷徙的民族把希望寄託在羅馬帝國，想在羅馬帝國得到保護，在遠離昔日故鄉的地方建立起相對安全的新生活。不同於今日的難民，那些遷徙的日耳曼民族不只是隨身攜帶的物品，而是裝備齊全，帶著一大家子和手工藝工具，以及所有能夠裝上馬車的東西。他們什麼都沒留下，並且盡力做好準備，要在遠方以部落聯盟建立起新家園。單是基於這一點，就不適合把當今的難民拿來和民族大遷徙相提並論，即使難民人數眾多也一樣。

＊ 編註：辛布里人與條頓人皆為日耳曼民族的一支。

願上帝垂憐！誰必須為了自己的信仰而逃離？

＊ 譯註：德意志諸國於1871年正式統一為一個民族國家，此前是由許多諸侯個別統治領地，布蘭登堡選帝侯就是其中之一。

瑪莉來自法國東北的梅斯（Metz），所以她的姓氏是德梅齊埃。凡是姓德梅齊埃的德國人都是她的後裔，包括負責難民政策的德國內政部長托瑪斯·德梅齊埃（Thomas de Meizière）。

在17世紀，柏林的人口當中有三分之一是難民，亦即胡格諾派教徒。

瑪莉很幸運。當布蘭登堡選帝侯＊腓特烈三世（Friedrich III）於1692年寫信給英國國王：「我們替那些難民做的夠多了，現在該要求其他國家來盡點力了。」她在德國已經生活了7年。

日後成為普魯士國王的腓特烈三世當時頒布了史上第一道停止收容難民的禁令。此舉使得瑪莉的族人再也無法越過邊界。瑪莉·德梅齊埃（Marie de Maizière）是胡格諾派教徒＊，她帶著3個孩子逃離了法國，在17世紀有25萬名和她相同信仰的人這麼做。布蘭登堡選侯國收容了其中2萬名，瑪莉就是其中之一。她的祖先在16世紀歷經8次胡格諾戰爭而倖存下來。到了瑪莉的時代雖然沒有戰爭，但信奉天主教的太陽王路易十四卻剝奪胡格諾派教徒所有的權利和自由。數十萬人逃往英國、愛爾蘭、北美洲、瑞士、荷蘭以及德國的各個諸侯國。

胡格諾戰爭就跟三十年戰爭（1618-1648）同樣是宗教改革的結果。基督教會在宗教改革之後分裂，追隨馬丁·路德的教徒則和羅馬教皇的教會斷絕了關係。在那之後，信奉新舊兩派的教會和君主就為了

「正確的」信仰而相互爭戰，不過主要是爭奪俗世權力。這使得許多臣民喪命，也迫使無數的人逃亡，這是戰爭向來會導致的結果。

宗教上的紛爭也是1620年那些所謂的朝聖先輩從英國移民至美國的原因。他們為逃離英國教會與英國國王的迫害，搭乘「五月花號」（May flower）前往美洲。這些被稱作清教徒的基督徒受到英國當權者的痛恨，他們嚴格遵照《聖經》的教誨生活，但是不願意臣服於教會的勢力之下。

不過，由於信仰而遭到迫害、驅逐並且被迫逃亡，這要比兩種基督教信仰之間的衝突更為古老。在耶穌死後，其信徒在羅馬管轄的猶太行省受到威脅。受過洗禮的猶太人必須擔心因為褻瀆神而遭到被石頭砸死的懲罰。在羅馬，信奉異教的皇帝下令迫害基督徒。

＊譯註：胡格諾派教徒是16世紀法國宗教改革家喀爾文的追隨者，屬於新教，和法國的天主教勢力曾進行過長期戰爭，史稱「法國宗教戰爭」或「胡格諾戰爭」。

如今基督徒是全世界最大的宗教團體，也是由於其信仰而最常遭到迫害的團體。

猶太人的歷史最為悲慘。

他們在西元2世紀逃離了家鄉巴勒斯坦，由於羅馬人把他們的土地視為帝國的一省而加以奴役。在往後的兩千年，這個《聖經》中的民族其後代子孫在世界各地一再遭到迫害乃至消滅，面對無止境的驅逐和逃亡。在15、16世紀，他們為了避免被迫受洗而自西班牙逃離，遷徙至北非、西歐、中歐、東歐以及鄂圖曼帝國。而猶太人所遭受的迫害在「第三帝國」時期達到最殘忍的頂點，遭到德國納粹政權的大規模屠殺。

伊斯蘭教的歷史也始於逃亡：最早的穆斯林在西元7世紀逃往信奉基督教的阿比西尼亞（如今的衣索比亞），以逃避麥加人的迫害。穆罕默德則於西元622年逃至麥地那（Medina）＊，以逃離故鄉麥加的貴族對他的刺殺行動。

＊譯註：麥地那位於沙烏地阿拉伯西部，和麥加與耶路撒冷並稱為伊斯蘭三大聖地。

農產歉收，
沒有食物——
誰為了求生
而逃往美國？

「把窮困潦倒而渴望自由呼吸的
芸芸眾生送到我這兒來⋯⋯把無
家可歸、在暴風中飄零的人帶到
我這兒來。我在這金色大門旁高
高舉起燈火！」

美國自1891年起
設有移民檢查站，
禁止不受歡迎者
移居，也避免移
民把疾病帶入美
國境內。

這幾句話刻在紐約港口著名的自由女神像的底座上。
1876年以來，這幾句話歡迎著來自遙遠歐洲的移民。
這位身著銅雕衣裳的女士右手高舉著金色的火炬，一
腳踩在斷裂的鎖鍊上。不過，並非所有在19世紀來
到美國的人都受到親切的歡迎。光是1846至1854年
間來到美國的人數就超過一百萬。他們為了逃離愛爾
蘭的飢荒而飄洋過海來到遙遠的美洲。馬鈴薯瘟疫在
他們的家鄉接連肆虐了6年，造成兩百萬人餓死。凡
是能設法湊錢買到船票的人都紛紛逃往美國。然而美
國人對這些外國人卻一點也不熱情，不僅是這些人當
中有許多缺乏教養的粗人，像是農民或是沒有一技之
長的農場工人，其中有些人只會說蓋爾語；最糟糕的
是：他們大多數是天主教徒！信奉新教、過著嚴格清
教徒生活的美國人擔心自己的文化和身分認同會受到
影響，排外的人遂成立了一個祕密協會，以保護「上
帝之國」免受這種「威脅」。不過一種歡迎外來者的
風氣也同時存在，一個愛國團體因此成立，協助新來
的人適應美國的生活，他們的座右銘是：「你們要互
相幫助，那你們就能成為一座別人無法移動的山！」

　什麼是難民、族群融合、庇護政策或仇外心理？

> 「這些頭髮蓬亂、紅鼻子、長鬍子的噁心無賴如瘟疫般來襲！他們以拓荒者的身分在此定居，但這些破產商人和酗酒工人卻太過懶惰。」

懶惰、酗酒、一文不名！誰害怕「德國瘟疫」？

1850 年的美國報紙這般攻訐來自德國的移民。而罵得最凶的是在幾十年前就逃離歐洲家鄉窮困生活的德國同胞。這些新移民之所以逃離德國，是因為在德國面臨坐牢、甚至被處決的危險──他們指揮起義反抗統治者壓迫，希望建立一個民主的統一國家。當德意志 1848 年革命失敗，許多革命人士紛紛逃離德國。有些美國人擔心這些「48 年革命分子」將會在美國掀起動亂，事實卻截然不同：在美國南北戰爭期間（1861-1865），有許多移民為林肯總統及北方聯軍效力，助北軍取得勝利，特別是 48 年革命分子之中的軍官和將領所率領的德國士兵。像是德國革命人士卡爾・舒茨（Carl Schurz, 1829-1906）就成為林肯總統的重要策士。他是共和黨的建黨元老，曾在南北戰爭中擔任旅長。後來他成為第一位當選美國參議員的德裔人士，最終擔任內政部長一職。不過，在 19 世紀末，他與美國政府意見相左，抗議狄奧多・羅斯福把美國的影響力擴展至東亞及拉丁美洲的帝國主義外交政策。「有自由之處就是祖國！」這句口號就出自卡爾・舒茨。

德國最黑暗的歲月：誰必須逃離納粹的迫害？

「在我4歲之前，我住在法蘭克福。由於我們是猶太人，我父親在1933年前往荷蘭。」這位年輕作者在她舉世聞名的日記中這樣展開她對人生的敘述。

1939年，900多名猶太男女及兒童的逃亡之旅成了海上迷航：聖路易斯號客輪（MS St. Louis）載著他們從漢堡出發，起初來到古巴，接著是佛羅里達，最後又返回歐洲。誰也不想收容他們。後來有許多人死在集中營裡。

* 譯註：原籍德國的猶太人，於1933年逃往英國，1939年成為英國公民。1954年諾貝爾物理獎得主。

也許你聽說過她，甚至讀過她的日記。安妮‧法蘭克（Anne Frank, 1929-1945）在1942年6月20日寫下這幾句話時，她13歲。那時她和家人流亡到阿姆斯特丹已經9年了。法蘭克一家是猶太人，為了躲避納粹的迫害而逃離德國。在她開始寫日記的幾天之後，由於他們在阿姆斯特丹的住處也不再安全，法蘭克一家人便躲進後宅暫避。終究他們被出賣了，遭到逮捕並送進集中營。直到今天我們仍不知道是誰出賣了他們。安妮進入伯根－貝爾森集中營（Bergen-Belsen），於1945年2月或3月死於該地，距離英國軍隊解救那座集中營只有幾個星期。

在其餘受到迫害的人當中，大約有50萬人在1933至1945年間成功逃離阿道夫‧希特勒那幫劊子手，其中包括異議分子、不受歡迎的政黨及組織的成員，以及作家如托瑪斯‧曼（Thomas Mann）和他的哥哥亨利希‧曼（Heinrich Mann）、科學家如愛因斯坦和馬克斯‧玻恩（Max Born, 1882-1970）*。這些逃走的人當中十個有九個是猶太人，他們逃離納粹狂妄的種族主義；沒能逃走的則被納粹強迫送進勞動營和集中營。

什麼是難民、族群融合、庇護政策或仇外心理？

有600萬人在那裡做苦工至死或被送進毒氣室，只有極少數人及時意識到自己正面臨什麼樣的威脅，或是得以逃脫。逃走的人分別前往瑞士、英國以及當時由英國暫管的巴勒斯坦，還有美國、阿根廷、巴西、南美洲與上海。另有一些人試圖在鄰近國家如荷蘭、法國、捷克或奧地利尋求安全，就像法蘭克一家人。當這些國家被納粹占領，對許多人來說，他們投奔的這些國家遂成了致命的陷阱。他們遭到逮捕，或是繼續逃亡。

猶太難民幾乎在任何地方都並未真正受到歡迎。

這點在1938年7月的一場會議就可以明顯看出，當時32個國家的代表聚集在法國日內瓦湖畔的高級療養地埃維昂（Evian）。他們在那裡商議自願收容難民的配額——如同歐盟在2015年為了收容來自敘利亞的戰爭難民而商議各國的收容配額一樣。澳洲代表說出了許多人不願意承認的心聲：「由於我國（澳洲）並沒有真正的種族問題，我們也不想藉由外國人的大量移入而導入這種問題。」

2005年，埃維昂再次舉行和難民有關的會議：英國、西班牙、法國、義大利和德國的政治人物在那裡決定把「非法」移民遣送回他們的母國。

位於波蘭的奧斯威辛集中營。大門上方以德文寫著「勞動使人自由」。

全世界最長的
逃難路段：
一雙腳能走多遠？

千萬別鬆開媽媽的手！就算媽媽的手也和安娜凍僵的手指一樣冰冷。千萬別把媽媽搞丟了！就算安娜的雙腿愈來愈沉重，就算她疼痛的雙腳幾乎沒了知覺。

1944年冬天到1945年二次大戰結束，有1,400萬名德國人徒步朝西方前進，一步一步地往前走，往往要走上幾百公里。他們大多是老弱婦孺，來自如今屬於波蘭的西里西亞、東普魯士、波美拉尼亞，還有捷克、南斯拉夫、匈牙利、羅馬尼亞，這些曾屬於德意志帝國東部的地區以及曾被德軍占領的國家。在納粹意圖建立的「千年帝國」瓦解之前以及瓦解之後的很長一段時間，有許多人為了躲避俄國軍隊而逃。當時紅軍的士兵已經抵達他們的家鄉或是即將逼近。由於希特勒的軍隊所造成的浩劫，德國人害怕遭到勝利國士兵的報復，因此他們逃往西方。

在二次大戰中獲勝的英國、美國、蘇聯與法國在波茨坦會議中商議德國在戰後的前途。

在波茨坦會議中，同盟國（亦即在二次大戰中獲勝的盟邦）沿著奧得河（Oder）與奈塞河（Neiße）劃下德國的新邊界。在這之後，家鄉不再位於德國境內的許多人也踏上離鄉之路，有些是主動逃離，有些則是遭到驅逐。他們拖著皮箱，帶走他們拿得動的東西，或是把少數家當放在手推車上拉著走。火車已經停駛，汽車和摩托車遭軍隊沒收，擁有馬匹的人就試圖

駕著馬車上路。

這段悲慘的逃難之路是發生在一個國家境內規模最大的逃難，在人類史上空前未有。有200萬人沒能活著抵達西方，包括生病與體弱的人還有數不清的孩童。他們滯留在半途：或生病，或虛弱得走不動，或凍死，或在混亂中走失。因此像安娜這樣的孩子會緊緊抓住大人的手。在抵達西方的那些難民當中，許多人不僅失去了一切，也在途中經歷到可怕的遭遇。俄國的戰鬥機沿途轟炸逃難的路段，婦女遭到強暴，有100萬人遭到攔截，被士兵拖回蘇聯。

1945年1月30日，波羅的海發生了截至當時為止史上最嚴重的船難：前遊輪「威廉‧古斯特洛夫號」（Wilhelm Gustloff）載著來自東普魯士與波美拉尼亞的一萬多名難民和傷兵駛往基爾（Kiel）。蘇聯的潛艇在波美拉尼亞海岸前偵測到那艘船的位置，發射魚雷將威廉‧古斯特洛夫號擊沉。有9,300人因此溺斃或凍死在冰冷的海水中，僅1,239人獲救，在這場海難中倖存。

來到德國西部，這些被驅離家鄉的德國難民絕非處處受到歡迎。當時德國各地城市多被炸毀，許多地方的人都生活在飢餓和悲慘的困境中，住屋也極度缺乏，並不是每個人都願意和這些新來的人分享。雖然他們也是德國人。

在二次大戰前後及戰爭期間，全歐洲約有6,000萬人流離失所。

越過圍牆、地雷和柵欄：德國人為什麼要逃離「德意志民主共和國」？

夜裡他們在深深的地底挖掘地道。他們改造汽車車身，留出可供藏身之處，在下水道發臭的廢水中跋涉，偷偷建造熱氣球，或是大膽穿越地雷區。

由政府控制的計畫經濟是由國家預先規定何時該生產哪些貨物以及該生產多少。

單是在柏林圍牆邊上就有136名試圖逃走的人喪命。據估計，在試圖越過邊境時死亡的東德人大約有900人。

這一切都是為了從一個德國到另一個德國去。為了前往「德意志聯邦共和國」，「德意志民主共和國」的德國人想盡各式各樣的方法。東德政府嚴格禁止其人民前往西方。在東德專制政權統治下的人民受到祕密警察的監視和折磨。誰要是和西方有所聯繫，就會被懷疑是國家的敵人。誰若是膽敢批評位於東柏林的東德政府，就可能受到嚴厲的懲罰，例如被判處多年徒刑。東德政府也會奪走反政府人士的孩子，或是阻止青少年上大學。由於東德實施由政府控制的計畫經濟，造成物資十分缺乏，基於這種種原因，許多人就只有一個願望：離開。在1949到1961年間，計有250萬人偷偷潛逃。東德政府因此關閉邊境，在分為東西兩邊的柏林市築起一堵長43.1公里的圍牆。另有一道總長1,393公里的柵欄將東德和西德隔開，柵欄上有帶刺的鐵絲，下有地雷。這條「死亡地帶」始於波羅的海邊的特拉弗明德（Travemünde），止於巴伐利亞北部城市霍夫（Hof）附近。單是試圖穿越這條死亡地帶就有生命危險。直至1989年，約莫有15萬人冒險嘗試，其中有4萬人成功逃脫，其他人則被抓住而遭到監禁，或是死於地雷和槍彈之下。

船上瀰漫著一股屎尿和汗水的臭味。裡頭的人面黃肌瘦，因為發燒而眼神灼熱，孩童枯槁的身體上出現令人作嘔的疹塊。

把希望寄託於大海——「船民」是些什麼人？

1978年11月，一艘老舊的貨輪「海風號」（Hai Hong）在馬來西亞巴生港（Port Klang）的碼頭前三海里處載浮載沉。船上的情況慘不忍睹，在2,500名飢餓不已的越南難民中有半數是孩童。他們已在南海漂流了兩個月之久，從一個港口晃蕩到另一個港口。先前他們為了躲避獲勝的越共政權追捕，搭乘小漁船離開被戰爭摧毀的家鄉，再由人口走私客將他們從漁船接到貨輪上，就像如今地中海的人蛇集團一樣。這些人口走私客承諾帶他們前往安全的國度。但是印尼、新加坡和馬來西亞都不願意收留他們，直到國際雜誌及電視節目披露載滿難民的海風號上令人怵目驚心的照片，情況才有了改變：在接下來的8年中，有4萬名來自越南、柬埔寨和寮國的「船民」（boatpeoplc）被帶到德國。一個救援組織募得捐款，以救援船「阿納穆爾角號」（Cap Anamur）把一萬多名難民載送到德國。最終獲救的東南亞難民共超過100萬人。沒有人知道有多少人在乘船逃難時喪命。據估計，死亡人數大約超過25萬人。德國人起初雖然心存疑慮，後來仍真誠地收容這些船民。

並非所有的德國人都歡迎這些船民：1980年，新納粹分子在漢堡縱火燒毀了一間越南難民的收容所。

在哪些地方，鄰人之所成了地獄？

家中是一片可怕的景象：婦女當著孩子的面遭到強暴，男人被槍殺或被毆致死。而動手的往往是多年來與受害者和平共處的鄰居。

1990年代，在巴爾幹半島，昔日的朋友成了凶狠的敵人。在前南斯拉夫這個由許多種族構成的國家，各個共和國的人民和平共處了幾十年。然而1990年，蘇聯及其附庸國解體之後，斯洛維尼亞、克羅埃西亞、馬其頓、蒙特內哥羅、塞爾維亞、波士尼亞和赫塞哥維納的居民紛紛要求成立自己的國家。塞爾維亞的作風尤其令人厭惡，因為他們想取得共和國之間的領導地位。由於住在克羅埃西亞、波士尼亞與赫塞哥維納的塞爾維亞人人數眾多，當地甚至爆發凶殘的屠殺。不同種族的人民彼此迫害、驅逐，他們稱之為「種族清洗」：有50萬人為了逃離暴行而來到德國。後來幾乎所有的人都能夠再重返家園，但是對其中2萬人來說返鄉仍然太過危險。1998年，塞爾維亞的科索沃（Kosovo）也爆發了戰爭。特別受到威脅的是羅姆人（Roma）*這個種族，逃至德國的55,000名科索沃人當中羅姆人就占了多數。南斯拉夫解體後，在巴爾幹半島上所發生的這場戰爭不只是士兵和其他武裝戰士之間的戰爭，平民之間也因為信仰不同而相互迫害；基督徒、穆斯林和沒有信仰的人則是純粹出於憎恨彼此攻擊。

*譯註：羅姆人俗稱吉普賽人，源自印度北部，一千多年來不斷西遷，如今在歐洲約有一千多萬人。他們大多保有自己的傳統生活習俗，沒有融入當地社會，經常受到歧視和排斥。

2

難民來自何處？
又為何而來？
Woher und warum?

飄洋過海，
穿越各大洲——
什麼地方的人會逃走？
如何逃？
又為何而逃？

他們乘坐嚴重超載的小船經由地中海駛向歐洲。在炎熱的氣候裡徒步穿越沙漠。跋涉數百公里，翻山越嶺，穿過好幾個國家。

人口販子多半是犯罪集團的成員，他們索取高額金錢做為協助逃亡的代價。

一路上他們沒有安全的棲身之處，搭乘卡車或小船任由駛向不明方向，而人口販子藉此索取高額報酬。但這不過是人們為了逃離家鄉的困境與危險所承受的一小部分苦難。據聯合國難民署（參見P.154）估計，單2015年就有大約100萬人橫越地中海。對許多人來說，地中海成了他們的墳場：有將近4,000人溺斃或失蹤，因為船隻翻覆或是被扔下船。而實際死亡及失蹤的人數可能還要更多，沒有人知道確切數字有多少。但是即使成功渡海，也沒有人能完好無恙。心靈

難民搭乘小船從土耳其駛往希臘。

　什麼是難民、族群融合、庇護政策或仇外心理？

上的創傷是別人看不見的。2000至2015年間，亦有至少3萬名經陸路逃亡的難民喪生。他們在途中不支倒地，就這樣死在路旁，或在徒步穿過非洲沙漠地區時活活渴死。還有一些人死在盜匪手中。

目前全世界估計有超過6,500萬名難民。他們為了逃離戰爭和內戰，躲避專制政權的蠻橫和暴力而踏上旅途。在不民主的國家，人民僅批評統治者及政府就會遭到迫害。在許多國家，有些人因為屬於宗教少數族群而必須擔心自身生命安全。不只是基督徒和穆斯林，這種情況也發生在其他宗教的信仰者身上。穆斯林往往因為信奉伊斯蘭教的方式與基本教義派的宗教領袖所規定的不同而受到威脅。

另有一大群難民屬於受到壓迫、暴力及恐怖統治威脅的**民族**。也有一些人除了離開別無選擇。在他們的家鄉，貧窮、飢餓和困苦拖垮了整個家庭，由於無法讓孩子上學，因此沒有機會創造更好的未來。這些人通常稱為「經濟難民」（參見P.74）。其實這種稱呼帶有惡意，而且也不公平。許多人是被奪走了他們僅有的一點東西，好比農民失去他們賴以維生的耕地（參見P.73）。在其他地方迫使人們逃離家鄉的則是天災，像是乾旱、地震或是氣候變遷（參見P.76）所引發的暴風。

民族意指屬於某個特定族群。

為什麼孩童會
隻身一人上路？

巴撒姆15歲，法蒂瑪14歲，尼古拉斯才只有8歲。他們來自敘利亞、阿富汗和盧安達。他們都是獨自離開家鄉，試圖抵達遙遠的歐洲。

巴撒姆是為了逃離敘利亞的戰爭。他的家已成了瓦礫。他在炸彈轟炸中失去了親戚和朋友。他的父母勉強籌措到一筆錢，希望至少能讓他到安全的地方去。家人希望巴撒姆能在歐洲完成學業，找到工作。將來會是如何，他們沒有人知道：也許有一天他會把父母親接到歐洲，也許他會再回到他的家鄉，如果有朝一日家鄉恢復了和平。

法蒂瑪是偷偷溜走的。

她生活在阿富汗的一處小村莊。那裡歷經了長年戰爭，直到奉行伊斯蘭教基本教義的塔利班（參見 P.50）終於被趕走。但是才過了幾年，那些恐怖分子又回到法蒂瑪的家鄉地區。從那之後，這個女孩就被禁止再去上學。她的父親受到威脅，要她嫁給一名年長許多的塔利班。這麼做的話，她的家人就能免於受到塔利班的攻擊。法蒂瑪拒絕了，因此遭到她的兄弟毆打。在一些受到基本教義派掌控的伊斯蘭地區，許多女性面臨被迫結婚的危險。最後她的母親勸她逃離阿富汗。她們母女還有相見的一日嗎？

8歲的尼古拉斯是個兒童士兵。在他的家鄉盧安達，他被迫目睹叛軍先是槍殺了他的父親，然後強暴他的母親。最後那些武裝叛軍抓走他和他的哥哥，把他們帶到鄰國剛果，教他們用武器殺人。尼古拉斯的哥哥試圖逃走，但是卻被抓了回來，凌虐至死。後來尼古拉斯也大膽冒著生命危險逃走，成功越過邊界抵達肯亞。如今他住在那裡的一座難民營裡，不知道自己未來將會如何。

　　全世界的難民中有超過3,000萬名如巴撒姆、法蒂瑪和尼古拉斯這樣的未成年兒童。沒有人知道他們當中有多少人是獨自一人上路。2012至2014年間，光是在歐洲，就有超過48,000名沒有大人陪同的未成年難民——德國政府機關簡稱他們為UMF（參見P.154）——提出庇護申請。其中也有一些孩童是在逃難中失去雙親。目前他們住在受到照料的收容所和民宅，另外有好幾萬兒童難民是由已經定居歐洲的親友收留。有成千上萬名的孩童失蹤，沒有人知道他們是否還活著，也沒有人知道有多少孩童成為人口販子的獵物。

沒有國家會遣返無人陪伴的難民兒童。

　　過去幾年，兒童難民多半來自阿富汗、敘利亞、非洲的南蘇丹、索馬利亞、剛果和厄利垂亞，還有巴爾幹半島國家如阿爾巴尼亞。沒有大人陪伴的未成年非洲難民大多逃往母國的鄰近國家。在美國，光是2013年在邊境登記有案的沒有大人陪伴的未成年難民就超過41,000名，他們來自中南美洲國家如墨西哥、薩爾瓦多、瓜地馬拉和宏都拉斯。（參見P.58）

據聯合國難民署的統計，全世界所有難民中有51%不滿18歲，46%介於18～59歲之間，60歲以上則佔3%。

在敘利亞，春天是怎麼變成了冬天？

你曾經偷偷在一面牆上用噴漆塗鴉，然後被逮到嗎？那肯定會惹來麻煩的。你大概受到了父母親的處罰，並且必須用你的零用錢來賠償損失。

2011年春天，在突尼西亞、利比亞和埃及這幾個阿拉伯國家，有大批民眾示威反對自己國家的獨裁者並且要求民主。他們在政治上覺醒，一如大自然在春天甦醒，便有阿拉伯之春一詞。

反對者在此意指批評政府的人士。專制國家不允許有人反對政府。

＊譯註：每週五是穆斯林到清真寺共同禮拜的日子。

在德國，這種事情這樣就算解決了。

敘利亞的情況卻不同。在那裡，這樣一樁惡作劇導致可怕的後果：5名孩童因此遭到囚禁和刑求。那是2011年，後來引發了一場內戰。幾名男孩出於好玩，在德拉市（Daraa）他們所就讀的學校圍牆上用噴漆寫下「總統必須下台」幾個字。他們並不知道這句口號背後的意義，也不知道這麼做有多危險。他們在電視上看到類似的塗鴉，那是在報導阿拉伯之春運動中發生在突尼西亞和埃及的反政府抗議活動。他們覺得這個口號很酷，但是玩笑卻成了血腥的嚴重事件：敘利亞的祕密警察找上他們，把他們從家裡帶走，加以囚禁。警方猜想這起塗鴉事件是由反對者所指使，因此對那幾個孩子刑求，要他們供出主使者的名字。但他們其實並未受到任何人指使。那5名男孩當中最小的只有8歲，最大的也才15歲。他們的家人要求警方釋放這些孩子，卻徒勞無功。之後德拉市的男性在清真寺進行週五禱告＊時進行抗議，這5名男孩最終獲釋。他們的命運在全國各地引發了抗議行動，反對敘利亞總統阿薩德（Assads）的暴政。阿薩

什麼是難民、族群融合、庇護政策或仇外心理？

德下令對示威群眾開槍，出動坦克車，甚至使用毒氣和桶裝炸彈來對付自己的人民。後來，霍姆斯（Homs）與哈馬（Hama）這兩座城市的士兵起而叛變：他們不想再對自己的同胞開槍。反對阿薩德總統的人民武裝起來，攻擊阿薩德的軍隊，一場血腥的內戰就此展開。從那之後戰爭就在敘利亞肆虐。除了政府軍與反對分子的民兵組織之間的戰鬥，也爆發了種族衝突和宗教衝突，導致更多的暴力。

不久之後，沒有人知道究竟是誰以及在哪裡跟誰交戰。

有時候幾百支不同的民兵在對抗政府軍，同時也相互交戰。有些民兵組織獲得其他國家金錢與武器上的支援：那些國家把這場內戰視為提高自己在該區域影響力的機會。最後，激進的伊斯蘭恐怖組織「伊斯蘭國」（參見P.50）也坐大了。其戰士迫害穆斯林、基督徒、亞茲迪教徒以及某些種族，像是庫德族。在某些地方，整座村莊的居民遭到攻擊、殺害或驅逐；大城市被炸成了瓦礫和灰燼。

單是在這場內戰發生的前5年，就有25萬人喪生。因內戰被迫逃亡的人數則有1,200多萬，佔敘利亞一半以上人口，其中有700萬人住在鄰國的難民營裡，如土耳其、約旦和黎巴嫩。起初世界各地對於阿薩德政府的暴行大感震驚，後來這場戰爭幾乎為世人所遺忘──直到數十萬難民動身逃往歐洲。自2015年以來，60多個國家的政府就在尋找一條途徑來解決這場有史以來最大的人道災難。

黎巴嫩的土地面積僅德國北萊茵─西法倫邦（Nordrhein-Westfalen）的三分之一，人口450萬。儘管如此，該國仍收容了150萬名敘利亞難民，另外還接納50萬名巴勒斯坦難民。

人道意指合乎人性。

阿富汗、敘利亞、伊拉克：伊斯蘭國和塔利班是什麼人？他們又幹了哪些壞事？

他們放置炸彈、進行自殺炸彈攻擊，也讓手無寸鐵的人跟著送命。他們在攝影機前斬首「異教徒」、記者和敵人，並將影片上傳網路做為誇耀。

繼伊斯蘭教先知穆罕默德之後，領導穆斯林教眾的政治與宗教領袖稱為哈里發，其政權為哈里發國。

聖戰意指神聖的戰爭。穆罕默德把每個人心中為了信仰而起的掙扎稱為「大聖戰」，「小聖戰」則是對抗他所統治的麥地那城的敵人。當時這些敵人主要是麥加人，他們因為穆罕默德放棄多神信仰而與他為敵。

在伊拉克和敘利亞，凡是「伊斯蘭國」（IS）黑旗飄揚之處，必定充滿著恐怖與死亡。這群伊斯蘭恐怖分子濫用阿拉的名字和伊斯蘭教的信仰，假稱其乃奉真主之名行事，以謊言故事和虛假承諾誘騙年輕人步入陷阱。伊斯蘭國的領導者聲稱他們對《可蘭經》的詮釋是唯一真實的詮釋，凡是反對他們的人就會受到追捕。這不僅是針對其他宗教信仰者和持有別種信念的人，穆斯林尤其被視為目標。

這樣的伊斯蘭主義者向我們民主開明社會的自由與生活方式宣戰。他們在馬德里、倫敦、巴黎或布魯塞爾等城市進行炸彈攻擊，造成重大傷亡。

伊斯蘭國最初在伊拉克和敘利亞崛起。這個名稱說明了他們的計畫：其領導者意圖建立一個「神的國度」，一個哈里發國。伊斯蘭國蔑視人權，仇視所有「異教徒」。這些恐怖分子認為女性低人一等，用難以言喻的不正當手段對待女性。無數落入伊斯蘭國手中的婦女遭到強暴並且被當成性奴隸出售。伊斯蘭國的戰士自稱「聖戰士」，他們所進行的恐怖戰爭則稱作聖戰。

　什麼是難民、族群融合、庇護政策或仇外心理？

和伊斯蘭國抱持相似目標的是塔利班（Taliban意指「學生」，中譯為神學士），主要在阿富汗的鄉村與城市進行恐怖統治。塔利班於1996到2001年間掌權，建立「阿富汗伊斯蘭酋長國」。在他們的統治下，婦女必須以面紗蒙面，女孩禁止上學或學習技能。凡是違抗其統治者就會依照**伊斯蘭教法**予以懲罰，公開鞭刑或是處死。2001年，塔利班勢力被美國軍隊驅逐出境之後，便藏身巴基斯坦。他們在那裡提供其他伊斯蘭激進分子庇護之所，包括奧薩瑪‧賓拉登（Osama bin Laden）在內。同年，以賓拉登為首的基本教義派恐怖組織「蓋達組織」在紐約及華盛頓進行恐怖攻擊，造成數千人死亡。這幾年來，塔利班在阿富汗的幾個地區再度坐大，不時重新占領整座村莊和城市。此外，又增添了一個新的危險：在這個位於興都庫什山脈的國家，目前塔利班正與伊斯蘭國爭奪統治地位。這類恐怖組織甚至在非洲建立了分支，如博科聖地（Boko Haram）＊。他們在海灘上放置炸彈，炸毀西方遊客喜歡下榻的飯店。在他們眼中，所有自由的國家和人民都是「墮落的」。要終止這種恐怖行動並阻止其領導者作惡不是一件容易的事：沒有人確切知道哪些人屬於這些殺人組織，以及他們藏身何處。其所作所為和伊斯蘭教毫無關係，雖然他們以伊斯蘭教之名行事。

身為政治領袖的穆罕默德於西元7世紀藉以建立原始穆斯林信眾之社會秩序的法律與懲罰就叫做伊斯蘭教法。

＊ 譯註：博科聖地是非洲奈及利亞的一個伊斯蘭基本教義派恐怖組織。

2001年9月11日對紐約世貿中心進行的恐怖攻擊。

種族屠殺者
和盜匪
在哪裡肆虐？

北蘇丹總統是個戰爭罪犯，因為危害人類罪與種族屠殺而遭到國際法庭通緝。南蘇丹則被飢餓和暴力所籠罩。

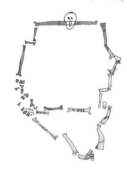

超過15年以來，一場可怕的內戰就在非洲的蘇丹肆虐。蘇丹總統奧馬爾·巴席爾（Umar al-Baschir）及其幫凶是名符其實的殺人不眨眼。在蘇丹西部的達佛（Darfur）地區已經有30萬名平民遭到國家劊子手殺害。聯合國稱之為「種族滅絕」，意指滅絕種族的大屠殺。因此位於荷蘭海牙的國際法庭，以巴席爾犯下戰爭罪及危害人類罪為由對他發出逮捕令，然而直到今日仍無法將他繩之以法，因為沒有人抓得到這個出身蘇丹首都喀土穆（Khartum）的獨裁者。聯合國的藍盔部隊（其中也包括德國聯邦國防軍的士兵）多年來在這個飽受苦難的國家試圖至少解決人民的飢餓問題，卻徒勞無功。在那裡，就連提供人民乾淨的飲水

聯合國維和部隊的士兵頭戴藍色的貝雷帽或頭盔，讓人能馬上認出他們，因此也稱作藍盔部隊。

什麼是難民、族群融合、庇護政策或仇外心理？

都有困難。藍盔部隊只能提供人道救援，亦即協助蘇丹人民取得生活必需品，像是食物、飲水和醫療用品。這個由各國組成的國際組織的使命僅限於人道任務上，但就連這項協助也無法送達各個地方：政府軍隊經常阻撓物資運送到迫切需要的人們手中。這些聯合國士兵除自衛外，不得使用武力。他們的任務是不靠武器而取得和平，亦即不做軍事干預。因此，當有強暴或屠殺事件發生，他們也無能為力。下述的例子顯示出巴席爾的軍隊是如何恣意且殘酷地對人民施暴：2015年，政府軍的一名士兵在一處村莊遇害，軍隊便報復在婦女身上——女兒在母親面前、母親在子女面前遭到強暴，最後被殺死。

此外，一些地區也發生游牧民族和農民之間的爭戰。他們相互爭奪土地，約有270萬蘇丹人在自己的國家遭到驅逐。190萬人住在臨時難民營裡，35萬人逃往鄰國查德與中非共和國（截至2016年的情況）。南蘇丹於2011年脫離蘇丹獨立。該地人民為爭取獨立而奮鬥了40年，然而和平僅維持兩年之久。在那之後，政治上的競爭對手掀起了一場內戰。這個極度貧窮的國家情況究竟有多悲慘？在戰爭過後的首都朱巴（Juba），勝利者強迫倖存者喝死者的血、吃他們的肉。南蘇丹也一再發現了萬人塚，埋著殘缺不全的屍體。

在南蘇丹有3萬人瀕臨餓死邊緣，有超過200萬人逃難。這場災難不知何時才會結束。

是誰在統治世上最危險的國家？那裡是什麼情況？

在索馬利亞，天黑以後就沒有人敢再出門。白天裡，沒留鬍子的男人生活在危險之中。而沒蒙上面紗或是身穿彩色服裝，以及沒有從頭到腳都裹在黑衣裡的女人也一樣。

在索馬利亞，基督徒的處境也很危險。他們甚至被禁止慶祝聖誕節。

* 譯註：青年黨為「聖戰者青年運動」組織的簡稱。

索馬利亞是由伊斯蘭基本教義派所統治。凡是不遵守其規定的人，就可能遭到公開鞭笞、用石頭砸死、強暴或者處決。這個極度貧窮的國家有半數居民營養不良。該國人民先是受到勢力龐大的幫派欺凌，然後又被暴力的激進分子以信仰為由置於恐懼和恐怖之中。索馬利亞位於非洲之角，非洲與阿拉伯半島隔海相望的一處岬角，是世上最危險的國家之一。經過數十年的內戰，嚴重的旱災奪走了游牧民族的牲口，也奪走了人民的飲水和食物。然而伊斯蘭恐怖組織青年黨（al-Shabaab）＊阻撓國際救援組織進入援助飢荒災民，並且封鎖糧食和其他物資的運送。多年來，選擇逃離的索馬利亞人約有100萬人，其中大多數逃到肯亞，在當地形成全球最大的難民營。索馬利亞被視為「失敗的國家」，因其政府無法保護人民免於遭受恐怖攻擊。有不少政治人物還與基本教義派分子同流合污。青年黨以索馬利亞為基地，將恐怖統治擴展至其他國家，也在肯亞進行恐怖攻擊。肯亞政府為了退出火線，考慮關閉那些難民營，將他們遣送回國。

Asmara是「美人」的意思，就像厄利垂亞的首都阿斯馬拉被視為非洲最美麗的城市。然而在富麗堂皇的表象之下，這個國家卻是由世上最無情的獨裁者所統治。年輕人對這一點的感受尤其深刻。

拿起武器，到工地去！誰讓學生成了奴隸？

對厄利垂亞的年輕人來說，他們的國家是「非洲的地獄」。所有的男孩和女孩在學校的最後一年都必須在「沙瓦軍營」裡度過，那是軍隊的一處訓練中心。他們在那裡接受成為士兵的嚴格訓練。成績特別好的學生雖然獲准去念大學，但是畢業之後仍然和所有其他年輕人一樣會被徵召入伍。但不是所有人都得拿槍，這些年輕人被派到國家需要人手的各個地方：也許是去修築道路，或是到學校擔任教師。他們的薪資很少超過4歐元——這不是時薪，而是月薪。誰也無法靠這份薪水過活。按照官方規定，服役期限只有18個月，但事實上沒有人知道政府何時會放你走。年輕的女孩則被當成性奴隸飽受折磨。誰要是抗拒服役，就會遭到監禁及刑求。批評政府的人也面臨同樣的命運。在這個國家沒有自由表達意見的權利，也沒有選舉和反對政府的權利，但卻有許許多多的監獄，入獄的人可能從此下落不明。厄利垂亞的年輕人在自己的國家看不到未來，因此每個月都有5,000名年輕人試圖離開家鄉。他們冒著生命危險穿越沙漠逃到地中海，以便前往歐洲。有多少人死在途中或葬送大海，沒有人知道。2015年，有13,000名厄利垂亞的年輕人成功逃到德國。

根據聯合國組織的資料，厄利垂亞是全世界人權紀錄最糟糕的國家之一。

哪裡有難民逃亡卻（幾乎）無人聞問？

一旦有國家發生戰爭，世界各國便高聲譴責。但是如果別處又爆發了新的衝突，各國便旋即轉移目光。即使「舊的」衝突地區仍然戰火連天，也很快就會被世人遺忘。

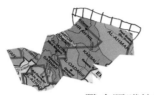

這就是敘利亞的情況：直到內戰邁入第5年，大批難民湧至歐洲門前，國際政壇才又注意到這個被戰火蹂躪的國家。之前，各國被發生在烏克蘭的事件轉移了注意力——如今烏克蘭受到的關注又減少了，雖然那裡發生的衝突始終懸而未決。在烏克蘭，先是親西方勢力推翻總統亞努科維奇（Yanukovych），其後親俄叛軍占領東南方的克里米亞半島，宣布成立「人民共和國」。俄國宣告克里米亞為政治聯盟夥伴。烏克蘭有許多俄裔居民，他們當中許多人都持有武器。這些**分離主義分子**希望**克里姆林宮**也把烏克蘭的其餘部分納入羽翼下。但烏克蘭人抗拒此舉，有時也以武力反制。自2014年以來，這場衝突已導致9,000名平民喪生，另有無數人在自己的國家失去家園，成為難民：烏克蘭人逃離俄國，反之亦然。

分離主義分子想在現存的國家裡建立自己獨立的國家或是併入另一個國家之中。

克里姆林宮為俄國總統府所在地，位於首都莫斯科，被用來指稱俄國政府。

　　其餘各大洲也有被世人遺忘的戰爭繼續肆虐，或是昔日的戰火又被重新掀起。2010到2015年間，就發生了15起新的暴力事件（聯合國組織稱之為「流血衝突」）。凡是動用武力的地方，不管是政府軍對

什麼是難民、族群融合、庇護政策或仇外心理？

抗叛軍，叛軍對抗政府軍，還是叛軍對抗叛軍，都會有不屬於任何一方的人民受害。在前面的章節中，你已經讀到一些戰亂國家的情況，難民從那些國家逃到歐洲。但這還不是全部，仍有許多國家的難民飽受苦難。在非洲，還有數百萬人為了人身安全在危險中逃難，無論是在他們自己的國家或是所在的大陸。一如剛果民主共和國就有300萬人民在逃難，在這個非洲第二大國家裡，有無數的敵對團體正在相互交戰。

大多數的衝突都是為了金錢而起。

他們想要掌控蘊藏豐富原料（參見P.72）的地區。在剛果，婦女遭到叛軍強暴的人數是全世界最高的。多年以來，有無數人為了尋求幫助，從一個地方逃到另一個地方。儘管如此，仍有數十萬受到威脅的人們從鄰國逃到剛果尋求保護，其中大多數來自蒲隆地。在蒲隆地，一支重度武裝的青年民兵迫害圖西族人＊。然而政府對這種恐怖行為袖手旁觀，使得蒲隆地的人民害怕發生如鄰國盧安達於1994年所歷經的種族清洗：當時敵對的胡圖族和圖西族相對抗，在短短幾週內就有超過100萬人遭到屠殺。

位於東南亞的緬甸也充斥著暴力：在那裡有將近100萬名信奉伊斯蘭教的羅興亞人＊遭到激進佛教徒的迫害。雖然佛教被認為是世上最熱愛和平的宗教。羅興亞人得不到醫療照顧，子女無法上學。直到載著飢餓難民的小船出現在泰國海岸，世界各國才注意到他們的苦難。

＊ 編註： 圖西族是中部非洲國家盧安達和蒲隆地三大土著族群之 。

＊ 編註： 羅興亞人為生活在緬甸若開邦的一支原住混血民族，有自己的文化和語言，長期不受緬甸政府承認，甚至被視為一群「來自孟加拉的非法移民」。

世界上最危險的逃難路線通往何處？

過去幾十年來,有數十萬難民蜷縮在人稱「野獸」的火車車頂以及車廂連結處,成功從中美洲逃到美國邊境。也有7萬人成為「野獸」的犧牲者。

「野獸」是一列橫越墨西哥的火車。對無數的人來說,冒著生命危險搭上這列火車是獲得更美好未來的唯一希望。直到2006年,才開始有人統計在該列車行駛途中死傷的人數:他們自火車上摔下,死在鐵軌旁,或重摔成殘。如今,「野獸」已不再適合做為偷渡客的交通工具,因為該列車及沿途路線都受到警方的嚴密監視。這並不是為了阻止這類悲慘的意外發生,而是為了嚇阻來自瓜地馬拉、宏都拉斯、薩爾瓦多或墨西哥的人民藉此前往那個「機會無窮」的國度。這是美國自建國來即享有的美譽。難民轉而尋找其他途徑,往往是徒步:穿越墨西哥的那4,000公里路被視為世上最危險的逃難路徑。每年約有400人死在沙漠裡。其他人則落入盜匪手中,被搶劫一空或施以酷刑,逼迫他們供出故鄉家人的電話,藉此勒索大筆金錢。「郊狼」也在一旁虎視眈眈:這用來稱呼那些人口走私販,他們承諾以數千美元的代價把難民帶到北方。誰要是跟他們打交道,就得付錢,卻往往又被「轉賣」給其他歹徒。無數的人在逃難途中遭到強暴或殺害。青少年及女性受害者的人數愈來愈多。儘管如此,每年仍有約莫100萬名來自墨西哥及中美洲的人試圖進入美國,以逃離家鄉的犯罪集

什麼是難民、族群融合、庇護政策或仇外心理?

團和**游擊隊**。在家鄉他們無法指望得到警察及保安機關的協助，因為警察和保安人員往往貪污腐敗，或是和那些歹徒同流合污。許多難民也想要尋找出路，逃離失業和貧困，想為自己的前途尋找機會。但北美洲並不想要這些「拉丁裔」（大多數的中南美洲國家都說西班牙語，所以這些國家的人被稱為拉丁美洲人）。美國擔心會影響本國人民的就業機會，因此在美墨長達3,000公里的邊界上築起一道由圍籬和鐵絲網所構成的柵欄，部分路段受到嚴密監視。

在南美洲的哥倫比亞，人們則是為了不同的原因逃離。那裡約有600萬人是所謂的**國內流離失所者**（參見下一頁）。他們多半是農民家庭，所在地落入政府軍和反叛軍的交戰火線，或是遭到毒梟搶占驅逐。而在該國的其他區域，政府從空中噴灑農藥以摧毀生產古柯鹼的作物，但是當地人賴以維生的農田也因此受到毒害，導致成千上萬失去經濟來源的哥倫比亞人移居至鄰國委內瑞拉*。

游擊隊的行為就像士兵，也和士兵一樣擁有武器，但是他們不屬於國家的軍隊。他們有自己的目標，平時躲藏起來，出其不意地進行攻擊。

國內流離失所者指的是在祖國境內被迫逃離家園或遭到驅逐的人。

＊ 編註：委內瑞拉因為複雜的政治與經濟因素，人口外移的情況也日趨嚴重。

美國與墨西哥邊境的柵欄。

哪些人
在自己的國家
無家可歸？

如果遇到危險，你的家人會撤到哪裡以確保安全？大概會去投靠鄰居、親戚或是朋友。這樣你們就不會離家太遠，一旦危險解除，很快便能返家。

世界上大多數的難民也是如此。但是，約有3,800萬人必須在自己國家的其他地方尋找臨時住所，並不是所有人都能在親戚或朋友那兒安全棲身。在發生戰爭、內戰或天災而導致人民流離失所的國家也設有營地來收容國內流離失所者。這些營地多半由救援組織設立並提供基本的補給，往往是簡單的帳篷，有些地方帳篷的數量甚至多到足以形成村鎮。2015年年中，在敘利亞登記有案的國內流離失所者就有760萬，是人數最多的國家，其次是哥倫比亞，有600萬人。在伊拉克境內，有300萬人為了躲避伊斯蘭恐怖分子而逃離家鄉。在巴基斯坦，尤其是東北部，有180萬人為了躲避塔利班而尋求保護，阿富汗則是有83萬男女老少。在非洲，有280萬名剛果人、210萬名蘇丹人、150萬名南蘇丹人以及110萬名索馬利亞人在自己的國家無家可歸。有120萬名烏克蘭人因為分裂鬥爭而失去家園。誰也不知道這些人何時或是他們究竟還能不能重返家園。2015年，全世界共有185個國家和地區的人民因為受到壓迫、迫害、戰爭和暴力而逃。

「他們為什麼全都來我們這裡，不到他們的鄰國呢!?」說這種話指責難民的人並不了解事實，或者根本不想了解。事實上，大多數的國際難民都在鄰近國家尋求庇護。

張開雙臂，
開放邊界——
鄰居和鄰國
怎麼做？

而那些鄰國自身的處境其實多半也不好。看看那些發生戰爭或內戰國家的鄰國便不難理解。在總人口600萬的黎巴嫩，每四人就有一人是難民，他們多半來自敘利亞。而黎巴嫩這個國家本身同樣受到恐怖行動的威脅，蘊藏種種危機和衝突。在約旦，每一千個居民當中就有87個難民。貧窮的巴基斯坦收容了151萬名難民；伊朗收容將近100萬名難民。在收容敘利亞難民人數居於「領先地位」的，則是收容超過200萬人的土耳其。而以政權威嚇本國人民的衣索比亞，仍在極度惡劣的環境中接收來自南蘇丹、蘇丹、索馬利亞及剛果的65萬名難民。非洲的情況是：難民縱使逃離了危險，但在避難的國家裡卻要面對嚴重的匱乏。那些營地通常是由國際救援組織提供照顧，因為當地人本身也十分窮困。這就是為什麼德國總理梅克爾在2015年夏天面對大批難民湧入時，表示「我們辦得到！」畢竟在德國的8,000萬人和歐盟的5億居民中，沒有人必須挨餓。她認真看待人類尋求庇護的基本人權（參見P.92），不同於富裕的歐盟中無意伸出援手的其他國家：有些國家閃避責任，有些國家關閉了邊界。

全球最大的難民營位於肯亞，收容了35萬名索馬利亞難民，就和一座城市一樣大。

3

這和我們有什麼關係？

Was hat das mit uns zu tun?

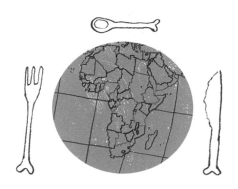

舊主子，
新主子——
這個世界屬於誰？

我們很難想像：世界上有許多國家並不保護人民，對人民而言最大的危險反而是自己國家的「治安部隊」，亦即警察和士兵。

你已經認識了幾個這樣的國家。想想敘利亞德拉市的那幾個孩子，或是厄利垂亞的年輕人。在許多沒有公義的國家，其根源是好幾世紀前歐洲強權國家所種下的。500多年來，他們做為殖民宗主國是為了搶奪非洲的土地，罔顧當地人的財產與權利。許多人至今仍承擔其所造成的後果。非洲國家都還相當年輕，因為殖民時期在不到100年前才結束。

殖民時期始於15世紀。當時歐洲人著手瓜分位在大海另一邊的世界：西班牙人、葡萄牙人、荷蘭人、英國人和德國人首先占領了非洲沿海地區。他們從那裡向東方航行，去尋找黃金、寶石和香料，後來又從歐洲駛向美洲。

隨著時間推移，他們將勢力擴展到非洲內陸。他們壓迫並且奴役當地居民，許多人被當成貨物載送到世界的另一端，在美國當成奴隸出售。那些殖民者也相互交戰，爭奪土地和人民。到了19世紀末，他們幾乎瓜分了整個非洲。後來美國人、俄國人和日本人在亞洲也扮演著類似的角色。

那些殖民國家按照自己的利益任意劃分邊界，切斷了自古以來就屬於各部落的地區，使得游牧民族與其傳統放牧地區被分隔開來。他們罔顧原始居民的權利與文化，並且將其摧毀。因此，在很久以前就種下如今仍在當地肆虐的衝突和戰爭的種子。直到二次大戰結束，殖民地國家的人民起而反抗那些非法的統治者，並爭取到了獨立。最後一個獨立的國家是安可拉。

從非洲地圖可以看出各個國家是在製圖板上形成的：許多國界都是直線。

流了許多血，非洲才終於擺脫了外來的占領者。

但是那些新成立的國家大多只能勉強站穩腳步。許多國家仍舊像從前一樣仰賴昔日的強權：他們依賴其他國家的金援，例如以發展援助的形式。然後用這些錢來蓋學校或醫院等設施。對這些國家來說，外界的經濟支援也同樣重要。這造成了新的依賴關係。在工業及勞動市場上，外國的投資者與財團大權在握。他們往往按照這句口號行事：「出錢的人就有決定權。」許多國家的獨裁者和一小撮有權有勢的人攤手要錢，讓這些財團只要付錢就能予取予求；或者出租或出售大片土地，再把收益放進自己口袋。在許多從前被殖民的國家，部落間的古老衝突再度爆發，一個種族驅逐另一個種族。下面幾頁對此還會有更多敘述。

是誰點燃了阿拉伯世界的衝突？

在埃及、敘利亞、伊拉克、葉門或黎巴嫩這些國家，為什麼穆斯林之間會彼此仇視、爭吵和爭戰？為什麼沙烏地阿拉伯和伊朗是死對頭？巴勒斯坦和以色列又為何充滿了恐怖行動和暴力？

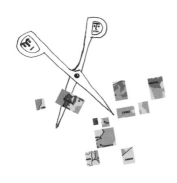

中東和近東的戰火，最早是由歐洲國家所點燃。直到一次大戰前，地中海東南部地區、其腹地以及阿拉伯半島部分地區，都是由鄂圖曼帝國的繼承者土耳其所統治。為了防止俄羅斯入侵，土耳其和德國結盟。這使得英國和法國倍感威脅。一次大戰結束後，**國際聯盟**把該地區劃給了英國和法國：黎巴嫩和敘利亞歸法國掌控，伊拉克和巴勒斯坦則由英國**託管**。在戰爭期間，英國人以承諾引誘勢力龐大的宗教領袖侯賽因・本・阿里（Hussein bin Ali）站在英國這一邊，答應讓他成為泛阿拉伯帝國的領袖。這是信奉伊斯蘭教的阿拉伯人長久以來的夢想。然而在獲勝之後，英國便不再提起這件事。

國際聯盟在巴勒斯坦埋下了火藥桶的導火線：它奪走了幾百年來就生活在當地的阿拉伯人的一部分家鄉。自19世紀起，在歐洲遭到迫害的猶太人開始移居該地，雖然巴勒斯坦人極力反對。1933到1945年間，又有許多猶太難民從納粹德國逃到巴勒斯坦，使得猶太人在這塊據《聖經》記載屬於他們祖先的土地

1920年，一次大戰的戰勝國和幾個中立國組成了國際聯盟，目的是維持和平。二次大戰後聯合國成立，國際聯盟就解散了。

託管是指由另一個國家來監督或管理一個地區。

什麼是難民、族群融合、庇護政策或仇外心理？

上旋即占了居民人數的三分之一。

二次大戰後，國際聯盟的後繼組織聯合國大會不顧阿拉伯國家的反對，將巴勒斯坦一分為二：43%留給130萬阿拉伯人，其餘的部分則分給60萬猶太難民。這引發了一場內戰，成千上萬的阿拉伯人因此逃亡。1948年5月14日，以色列在巴勒斯坦建國。埃及、約旦、敘利亞、黎巴嫩、伊拉克和沙烏地阿拉伯出兵攻擊以色列，這是日後在中東發生的許多戰爭中的第一場。單是在1949年，以色列就驅逐了75萬名巴勒斯坦人。這個衝突至今仍未解決。雙方的恐怖分子用暴力與暗殺使得此一衝突更加激烈。

在阿拉伯世界，導致暴力與恐怖的另一個原因是伊斯蘭教內部不同派別之間的敵對，其領袖分別是遜尼派的沙烏地阿拉伯和什葉派的伊朗。兩國均不承認對方的信仰具有正當性，都爭取在伊斯蘭教世界的統治地位——就跟教皇、教廷和馬丁・路德（Martin Luther）的信徒在宗教改革後的德國相爭不下一樣。遜尼派的人從自己人當中選出先知穆罕默德的繼任者，什葉派則只承認該宗教創始人家族中的一個後裔為領袖。在一些穆斯林國家，這些敵對的教派會殘忍地互相迫害。

此一衝突由於世界其他區域的國家選邊站而更形激烈：為了確保自己在該區域的影響力，非伊斯蘭教國家向其中一方靠攏。那裡的居民在兩個陣線之間飽受蹂躪，因此也有許多人逃離。

在以色列，猶太人和巴勒斯坦人之間的仇恨對於當地大多數人來說，並沒有宗教上的理由。因為並非每個以色列猶太人都是虔誠的猶太教徒，而巴勒斯坦人也並非都是虔誠的穆斯林。

誰為了石油和金錢向獨裁者讓步？

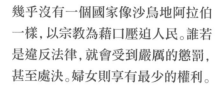

幾乎沒有一個國家像沙烏地阿拉伯一樣，以宗教為藉口壓迫人民。誰若是違反法律，就會受到嚴厲的懲罰，甚至處決。婦女則享有最少的權利。

儘管如此，沒有哪個國家會想搞砸自己和沙烏地阿拉伯的關係；同樣地，也不會想破壞自己和阿拉伯聯合大公國、卡達、巴林或阿曼之間的友好。原因在於這些國家擁有的豐富石油，是我們眾人都很仰賴的原料。所以世界各國就可以對發生在那裡的不公義視而不見嗎？

在北非，摩洛哥或阿爾及利亞的獨裁者是民主世界的朋友以及各國競相結交的經濟夥伴。民主世界也和利比亞的統治者格達費做了不少生意。在阿拉伯之春（參見 P.48）運動中，該國人民推翻了這個藐視人權的殘忍屠夫。國際企業幾十年來靠著他的訂單賺了很多錢，而所有人都對這個無情的統治者如何剝奪人民的權利心照不宣。全世界都知道沙烏地阿拉伯和卡達把外籍勞工當成奴隸般對待，然而一牽涉到金錢，民主國家便也睜一隻眼、閉一隻眼，在面對波斯灣國家尤其如此。

位於波斯灣的卡達從各國脫穎而出，取得了世界舞台：2022年世界盃足球賽將在這個酋長國舉辦。比賽所需的場地是由10,000多名來自亞洲與非洲的移工建造，

人權組織一再揭露這些移工被迫在極其惡劣的條件下辛苦工作，情況卻毫無改善。在卡達，外籍勞工被視為僱用他們的公司的財產。他們一入境，雇主就拿走了護照。就算他們想逃，也根本逃不了：沒有護照，誰都無法從一個國家到另一個國家去。在把世界盃主辦權交給卡達之前就已經有人抗議，但是國際足球總會不想破壞那些富有酋長的這場盛會。

就連去到當地的高層人員也對這種情況視而不見。

就像德國的「足球皇帝」法蘭茲·貝肯鮑爾（Franz Beckenbauer）＊，他也是國際足球總會的高層人員之一。他在2013年造訪卡達時，也去參觀了工地。後來他被問到那裡的工作條件和生活情況。他嚴肅地聲稱自己並未看見任何奴隸，相反地，所有工人都能自由行動，既沒有戴鎖鏈，也沒有戴高尖帽。他並不是在說笑，而是認真的。在這個議題上，政治人物的名聲也不怎麼樣。就像德國經濟部長西格瑪·嘉布瑞爾（Sigmar Gabriel）在前往卡達進行國事訪問之後，雖然批評了卡達的勞工待遇，接著卻稱讚那些酋長：「我們想像不出會有比他們更好的東道主。」

＊ 譯註：法蘭茲·貝肯鮑爾是德國家喻戶曉的足球明星，他曾在1974與1990年率領西德隊拿下世界盃冠軍。

許多人把金錢看得比道德重要，下面的例子也顯示出這一點：中東與非洲有許多被基本教義派統治的國家是其他國家競相爭取的貿易夥伴。眾所皆知，他們當中有許多用金錢和武器支持激進的伊斯蘭恐怖組織，不論是所謂的蓋達組織、伊斯蘭國，還是其他名稱。

我們能用
愈來愈多的武器
來獲致和平嗎？

難民逃離暴力和戰爭。凡是作戰就需要武器，但它們是從哪兒來的呢？「我們逃離的是你們的武器！」一名敘利亞難民在抵達歐洲之後如此表示。

他說得沒錯。畢竟那些坦克車、飛彈、砲彈和槍枝來自世界各地的武器製造廠。一旦在某個地方發生戰爭或是武裝衝突，其他國家的軍火公司就能大賺一筆。在敘利亞無論是誰對誰開槍，是政府軍打反叛軍，還是反叛軍打反叛軍：所有參與戰爭的人用來作戰的武器，都是在民主工業國家生產的。就連伊斯蘭國（參見 P.50）的恐怖分子、塔利班和其他基本教義派的民兵組織也使用「德國製造」的槍枝，甚至以此誇耀。在伊斯蘭國的一支宣傳影片中，一名身穿黑衣的戰士手裡拿著一顆飛彈，彈身上標有製造地及功能：Lenkflugkörper DM72-136 mm Panzerabwehr（DM72 反坦克導彈，直徑 136 mm）。

倘若一家公司計畫出口武器，在德國必須經過政府和國會的批准。這在聯邦議會每次都會引發激烈爭論。無論是銷售坦克給卡達和沙烏地阿拉伯，還是出售戰艦、導彈或槍枝給其他國家：每一種軍事裝備以及仿製武器許可，都僅限於用來防禦外侮的國家。這些武器絕不允許落入那些打算用來發動侵略戰爭，

　什麼是難民、族群融合、庇護政策或仇外心理？

或是對付自己人民的統治者手中。這是德國法律的規定。但問題在於，一旦這些危險的物品到了某個國家，就幾乎無法防止它們遭到濫用。在中東的戰爭與內戰、在非洲及世界各地的武裝衝突都能看到這種情況發生。

沙烏地阿拉伯就這樣將一箱箱槍枝送往鄰國葉門，以支持作戰的盟友。最後，沙烏地阿拉伯派兵介入葉門的戰爭。一場不太受到世人關注的戰爭正在葉門肆虐，其殘酷不亞於敘利亞所發生的戰爭：伊斯蘭國、蓋達組織和其他伊斯蘭反叛分子相互殺戮，同時也屠殺平民；政府軍殺害並驅逐反對人士；伊朗也出兵到這個沙漠國家干預。在葉門，沙烏地阿拉伯和伊朗踩在平民背上進行一場代理人戰爭＊，以爭奪該區域的領導權（參見 P.67）。

在自己國家境內逃難的葉門人遠超過200萬人，數十萬人面臨飢餓的威脅。

＊ 譯註：代理人戰爭是指利用第三者為自己打仗的戰爭。兩個對立的勢力不直接交戰，而以打擊對方的盟友或是幫助自己的盟友打擊對方來損害對方的利益。

在大馬士革的敘利亞軍隊所使用的坦克。

為了手機和珠寶，哪些地方的人在流血流淚？

你今天玩過電腦或手機了嗎？我們都無法想像沒有手機的生活會如何。而在這些電子產品中都有一種寶貴的礦物，少了這種礦物它們就無法運作。

這種原料叫做鈳鉭鐵礦（Coltan），因為稀有所以珍貴。在非洲，為了爭奪鈳鉭鐵礦爆發了無數流血衝突，尤其是在剛果。那個國家自稱為剛果民主共和國，這聽起來像是一種嘲諷，因為該國遠遠不是個民主國家（參見 P.57）。在非洲沒有其他國家像剛果擁有這麼多珍貴的原料。除了鈳鉭鐵礦之外，那裡還有銅、鈷、鑽石和黃金。儘管如此，這個國家在開發中國家名單中敬陪末座，是世界上最貧窮的國家之一。礦場工人幾乎無法仰賴辛苦工作維生，礦主卻靠著開採礦石大發利市。正因如此，數十年來，那裡爆發了一場接一場的流血衝突。戰爭一度在整個國家肆虐，如今則主要集中在剛果東部。各路叛軍和民兵打得你死我活，他們全都想要掌控蘊藏豐富原料的地區，居民甚至被強索保護費。而用黃金、鑽石和其他寶石礦藏進行的齷齪交易也在安哥拉、賴比瑞亞、獅子山、中非共和國和辛巴威發生。根據國際法，凡是從事這類貿易的國家必須證明沒有人因此流血。但是這些貨物往往被偷偷運出國外，偽造文件出售。

誰在搶奪農民的土地？

產自非洲的牛排出現在中國人的餐盤上，來自印尼的棕櫚油進了我們的汽車油箱。在蘇丹，農民的耕地枯萎，因為國外的土地買主危害了他們的生計。

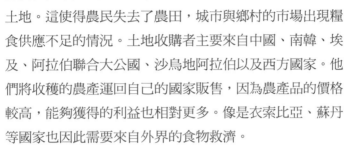

土地和水被稱為21世紀的原料。因此在非洲、亞洲和拉丁美洲的許多國家，有許多人到處掠奪土地。這使得農民失去了農田，城市與鄉村的市場出現糧食供應不足的情況。土地收購者主要來自中國、南韓、埃及、阿拉伯聯合大公國、沙烏地阿拉伯以及西方國家。他們將收穫的農產運回自己的國家販售，因為農產品的價格較高，能夠獲得的利益也相對更多。像是衣索比亞、蘇丹等國家也因此需要來自外界的食物救濟。

自從肉類的消耗需求在遠東國家日漸增長，中國人便在非洲飼養肉牛。在印尼，雨林遭到砍伐，農民失去了他們的小片農地。那裡改種能提煉出棕櫚油的棕櫚樹，提供工業國家製造生物燃料之用。貪腐的政府首腦往往也要為這種英文稱作「Land grabbing」的土地掠奪行為負責，他們藉由出售自己國家的土地大撈一票。凡是土地掠奪者出現之處，土地的價格與租金就會暴漲，當地的農民再也負擔不起。據估計，土地掠奪者取得的土地面積已經超過2億公頃，比全歐盟的農地使用面積還要大。這些廣大的土地有時一片就超過20萬公頃。為了灌溉這些田地，甚至連農民的灌溉用水都被搶走。

生產過剩惹人厭：
歐洲如何毀掉
非洲的市場？

每個週六，約翰娜都在農夫市集販售自家庭園生產的莓果、蘑菇、水果和蔬菜。有一天，另一個人在她旁邊擺起了攤子，他賣的水果只要一半價錢。

約翰娜的顧客都跑光了，因為她無法用同樣低廉的價格販售她的產品。那個人是怎麼辦到的？她發現她的競爭對手所賣的產品是從廉價商店買來的，但是按照規定在農夫市集只能販售自己採收的產品。更何況那個人的做法是一種欺騙，於是她去檢舉了他。但是在非洲卻沒有這種保護農民的法律。在那裡，當地的市場愈來愈常充斥著來自歐洲的廉價冷凍商品：一隻雞的價格只要當地農家現宰雞肉的一半。來自海外的肉類、蔬菜或奶粉以傾銷價格出售，使得非洲的農民和畜牧業者做不了生意，毀掉了許多家庭的生計。那些進口商品來自生產過剩的歐洲食品工廠。讀到這裡你也許會想：「這總比把食物扔掉來得好！」這個基本原則固然正確，但是在這件事情上卻造成了災難性的後果。因為這些商品之所以被送到非洲市場並非基於這個原因，其實純粹是出於貪婪。在歐洲經常故意生產過剩，以便在非洲做筆好生意。而這毀掉了整個村莊。做父母的把孩子送往歐洲，冀望他們在那裡找到工作，能寄錢回家養活留在家鄉的家人。那些年輕人所逃離的貧窮是我們造成的。我們真的能把他們當成「經濟難民」遣送回去嗎？

空空的漁網，
空空的餐盤：
是誰捕走了
約書亞的食物？

從前約書亞在撒網捕魚後把船推回岸邊，網子裡總是裝滿了漁獲。這名幾內亞的年輕人能夠靠捕魚來養活家人。然而這幾年來，他的漁網經常是空的，因此他們的餐盤往往也是空的。

非洲西部幾內亞海岸的漁場直到幾年前都還是世界上漁獲量最高的地區。那片大海就像個裝得滿滿的食物貯藏室，充滿了鯡魚、鯖魚、鮪魚、墨魚、鯊魚、龍蝦、螃蟹，以及任何可供食用的水產。自從大型拖網船在不遠的外海中橫掃，如今那裡的漁民能捕到的魚幾乎連自己的家人都餵不飽。這些來自中南美洲、俄國、中國以及歐盟各國的拖網船，把那片海域的魚都撈光了。環保人士把這些大船稱為「海洋吸塵器」，因為什麼也逃不過它們巨大的漁網。大型拖網船每次撒網的漁獲量可達100公噸。然而他們本國的顧客很挑剔，因此許多往往已嚴重受傷的魚又被扔回海裡，容易賣出的魚則在船上進行處理。光是這些漂浮魚工廠所製造出來的「廢棄物」就足以養活像約書亞這樣的漁民和他的家人。先是歐洲和其他地區的漁場被撈空，如今這個產業把目標轉往非洲的海域。擁有這些漁場的國家儘管得到了補償，但是像約書亞這樣的百姓卻看不到這些錢。在幾內亞，一些村莊把希望寄託在觀光客身上，這不僅破壞了舊有的社會結構，也是一樁有風險的生意。

別再說
「好棒的氣候！」
如果吉里巴斯
沉沒了怎麼辦？

馬爾地夫堆起了沙子，以保護陸地免受日漸高漲的潮水侵襲。這麼做無濟於事。長遠來看，並拯救不了僅高出海平面幾公尺的許多島嶼。

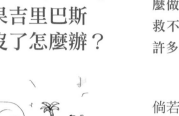

倘若我們什麼也不做，吉里巴斯、吐瓦魯和其他位於太平洋與印度洋的島嶼國家將會沉沒。由於氣候變遷，海平面如今已大幅升高。海水威脅整座村莊，使得農地和水源鹽化，飲用水成了珍貴的飲料。因此，在吉里巴斯會用大型的塑膠容器接住雨水，這是位於太平洋玻里尼西亞和密克羅尼西亞群島的一個國家。但是隨著海平面升高，海水破壞土壤，降雨卻愈來愈少，颶風暴則愈來愈多。

地球曾歷經多次的氣候變遷。在地球歷史上，冰河期和間冰期一再交替出現。每一次交替都要花上好幾萬年，因此大自然有時間去慢慢適應。但是現在一切都發生得太快了。在短短幾十年間，地球嚴重暖化，因此迅速改變了氣候。另一個和過去不同之處在於：這個正在全世界發生的氣候變遷是人類造成的。富有的工業國家——也就是我們——虐待大自然：發電廠、汽車和工廠把愈來愈多有害的廢氣排放到空氣中，毒害大氣層，導致地球暖化。儘

什麼是難民、族群融合、庇護政策或仇外心理？

管各國元首每隔幾年就在所謂的氣候峰會相聚，誓言要做出改善，但事實上時至今日什麼也沒有改變。隨著時間流逝，極地和冰川開始融化，導致海平面逐漸上升，並且改變了天氣。人類必須為忽略環境付出代價。而首當其衝的是像吉里巴斯這樣的國家的居民，他們將失去自己的家園：從長遠來看，他們別無機會，只能移居他處。

然而，在地球另一端卻面臨著愈來愈嚴重的乾旱威脅。非洲的乾旱期一向很長，但就連那些從未發生過乾旱的地區也不再下雨：例如迦納北部。這個地區原本被視為全國的糧倉，如今乾旱面積一年比一年擴大，農地也隨之乾涸。莊稼沒有收成，農民不得不離開。他們從農村移居到城市，如果在城市裡也找不到工作，就前往歐洲，去碰碰運氣。

自2008年以來，因為乾旱、暴風、洪水等天災而逃離家園的人已經超過1億4,000萬。專家估計到了2050年，全世界的氣候難民至少將會有2億人。

難民是由於氣候、戰爭還是貧窮而逃：我們能做這種區分嗎？

何以會發生戰爭？向來是為了爭奪權力和金錢。貧窮是怎麼產生的？因為工作機會太少，或是根本沒有工作可做。人們為什麼要逃離氣候變遷？那是氣候變遷破壞了他們的生計。

逃難的原因有很多。但是這些原因從來不是被迫逃離的人所造成的，錯不在他們。不論難民之所以受到威脅，是由於武裝衝突以及戰爭或內戰引起的暴力，還是獨裁者及其幫凶的迫害，這些獨裁者為了鞏固自己的權力而強迫人民噤聲，對人民刑求，殺害其親屬與鄰居。不論難民之所以逃離，是由於整個國家的原料、土地或農穫被掠奪一空，還是人類所造成的氣候變遷威脅到地球某些地區居民的生存基礎，破壞他們的生計，難民既非必須為自身命運負責的「罪魁禍首」，也無力改變這種情況。他們受害於其他國家與產業的所作所為，而且背後總是有另一群生活得比較好的人。我們的繁榮生活是踩在窮人的肩膀上。讀到這裡你也許會說：要改變這種情況應該是國際政治和經濟的責任！這樣說當然沒錯。但兩者乃是取決於我們在這裡想過什麼樣的生活、有些什麼樣的要求。根據人權與法律，只有「政治」難民才有權申請庇護（參見P.92）。但是大部分的逃難原因，都肇因於**政治行動**。

政治行動是用來在一群人、一座城市、一個國家或者一個由國家組成的團體之中達成特定的目標。

　什麼是難民、族群融合、庇護政策或仇外心理？

每人每天0.5歐元：2015年，在非洲及中東國家由聯合國援助的難民營裡，花在每個難民身上的金額不能超過這個數字。這讓人暫時死不了，但卻遠遠不足以生活。

安全，但是窮困：哪些人由於世人過於吝嗇而挨餓？

聯合國難民署（參見P.154）曾請求成員國多給予金錢支持，卻徒勞無功。直到該年底，193個國家當中只有33國捐款到聯合國難民署的帳戶以供人道救援工作。因此，救援組織不得不將難民的配給縮減到接近飢餓的邊緣。全世界最大的難民營位於肯亞，對於安置在那裡的蘇丹和索馬利亞難民所提供的補給已在2015年停止；伊拉克的數百萬難民不再得到醫療照顧；在黎巴嫩和約旦將近300萬的敘利亞難民中，只有極少數孩童能夠上學。聯合國難民署指責世界各國吝嗇得沒有人性。若要向世界各地天災與戰爭的受害者提供最起碼的補給，**聯合國難民署**需要180億歐元的捐款，但募得的數額僅有三分之一。捐款始終是自願性的，對國家來說也一樣。儘管如此，聯合國難民署提出警告：如果我們無法繼續援助位於戰爭與危機地區鄰近國家的難民營，接下來難民就會繼續遷徙，到你們的國家去！如果想要阻止這種情況發生，如果想讓難民有機會留在自己家鄉附近，那麼我們就必須伸出援手──至少要捐點錢。

聯合國難民署仰賴各國的捐款：該組織所提供的救援行動有98%要靠捐款來支應，只有2%直接由聯合國負擔。*

＊譯註：如果想捐款給聯合國難民署，可透過聯合國難民署香港辦事處的中文網站（www.unhcr.org/hk/137-hong-kong.html）。

4

在不同的世界之間流浪
Wanderer
zwischen den Welten

曾經是異鄉人，
就永遠是異鄉人：
什麼是移民？
他永遠都是移民嗎？

如果將來有一天，你在法國、義大利、美國、非洲或是澳洲找到一份工作，並且打算留在那裡，你就會成為移民——你的家人也一樣。這聽起來有點滑稽，對吧？

法國母親和德國父親所生的孩子就是具有移民背景的人，德國母親和法國父親所生的孩子也一樣。

並非每個移民都是難民，但每個難民都是移民。

移民這個字眼很難聽，可以讓當事人的日子很難過。而政府機關、政治人物和媒體稱呼他們的方式還要更拗口：「具有移民背景的人。」長期留在德國的難民有朝一日也會成為其中一員。不管是在學校課堂上、社區或是城市裡，就連那些已經入籍德國的人，或者出生即具有德國籍的人也會被分別計算和提及。使用這個名稱是出自於善意，用來取代「外國人」一詞。儘管如此，它仍然造成了隔閡，讓聽者隱約覺得這些出身不同國家的人並不真的屬於這裡，即使他們已經在這裡住了很久，和我們一起生活、學習和工作。移民（migrant）字面上的意思是「遷移者」。這個詞源自拉丁文動詞「migrare」，意思是遷移。「具有移民背景的人」指的是那些離開家鄉，移居到另一個國家的人。他們從一個國家移出，再移入另一個國家。假如你將來在法國、義大利、美國或其他國家有了孩子，他們也會是「具有移民背景的人」——而有朝一日就連你的孫子也都還是！這難道永遠沒有結束的時候嗎？對某些「移民」來說永遠不會結束：就算他們在德國出生，具有德國國籍，並且能說他們成長地方的德國方言，他們也永遠擺脫不了移民的身分。

在1950和1960年代，德國有許多工作沒有足夠的人來做。因此德國政府在國外招募所謂的「客工」。

「我們要的是勞動力，來的卻是人。」我們該如何對待客人？

誰要是邀請客人來，就會盡量讓客人在停留期間過得愉快。但是在當年，許多德國人對待那些來自義大利、希臘、葡萄牙、南斯拉夫、突尼西亞和摩洛哥的工人卻一點也沒有待客的熱情。僱用這些客工的公司通常讓他們住在倉促搭建的木板工寮或是簡陋的宿舍。他們很難找到住處，因為許多德國人不願意跟外國人當鄰居。其他人則用猜疑的眼光打量這些新來的人和他們的行為舉止及生活方式。德國政府也沒有照顧這些「客人」：沒有協助他們去適應在德國的生活，甚至沒讓他們去上語言課。「融合」（參見P.140）在當時還是個大家不熟悉的字眼。瑞士作家馬克斯・弗里施（Max Frisch, 1911-1991）曾用這句挖苦的話來譴責德國這個「東道主」：「我們要的是勞動力，來的卻是人！」彷彿勞工不是人似的……倘若你在遠離家鄉的地方，而當地人讓你覺得自己其實不受歡迎，你會怎麼做？你會盡可能待在自己人當中。當年那些客工正是這麼做──而德國人卻又覺得他們這麼做不對。1973年，當工作機會減少，這些外籍工人便被要求離開，在1,400萬名客工中有1,100萬人返回家鄉。而那些留在德國的人把他們的家人接來，並接下德國人不想做的工作：例如清運垃圾或是打掃街道。

那些客工把義大利披薩、西班牙燉飯、土耳其旋轉烤肉和希臘烤肉串帶入德國的菜單中。如果沒有他們，德國就不會有這些食物。

最重要的是工作！
哪些人在不同的世界之間遷移？

兩個月在家鄉，兩個月出外：朵娜妲每年在家鄉波蘭和德國之間來回6趟。她和阿格妮絲卡輪流在德國照顧一位老太太。

在中國約有2.5億名農民工。他們幾乎沒有什麼權利，往往一整年都與家人分隔幾百公里乃至幾千公里。

這兩名波蘭女子是移工，她們藉此賺錢養家。有Skype真是件好事！這樣孩子們至少能在打電話時看見媽媽。當朵娜妲或阿格妮絲卡到德國工作時，她們在家鄉的家人就由祖母來照顧。若是蘆筍或草莓盛產的季節到了，或是要開始採收葡萄，你經常會在田野上聽見外國語。前來德國協助農民收成的工人大多來自波蘭、保加利亞或羅馬尼亞。這些季節性工人所拿的工資，德國人不屑一顧。但對這些外國工人來說，工資已經比在家鄉來得高。那麼，在他們的國家又是由誰來採收農作呢？烏克蘭人、摩爾多瓦人、喬治亞人——來自工資更低的國家的工人。如同當年的客工（參見前頁）接下沒人想做的工作，像是清運垃圾，如今是外國季節性工人在德國的農田辛苦勞動。德國的屠宰場和建築工地也僱用了許多所謂的移民工人。這是指那些為了工作而短期「移居」到其他國家的人。這對他們來說往往是唯一途徑，以賺取足夠的錢來養家。為此他們付出了高昂的代價，因為他們得和家人分開好幾個月。

什麼是難民、族群融合、庇護政策或仇外心理？

移民的原因不總是飢餓、失業或貧困。也有完全相反的情況：有些人有能力在冬天來臨之前「逃」到較溫暖的國家去，或是在那裡度過晚年。

逃離冬季：什麼是「生活方式移民」？

如果稱這些人為「難民」，那麼對於所有真正的難民來說是一種嘲諷。因此他們被稱為「生活方式移民」（Lifestyle-Migranten），聽起來更為優雅。他們有足夠的錢，能在義大利、西班牙，甚至美國的「陽光之州」佛羅里達有間度假房屋或是養老的住處。他們可以在那裡舒舒服服地過日子，享受人生。不過，這些「在世界之間遷移的人」也並非處處都受到歡迎，雖然他們帶了很多錢到「避難的國家」去。因為當地人有時要為此付出代價：在許多生活方式移民渴望前往的國家，房地產公司以低價收購土地，再以高價轉賣給外國人，或是替這類「客人」建造豪華的「養生住宅」。這使得土地價格高漲，而農地被銷售殆盡。這些地區隨著農民消失，農業也跟著消失。在西班牙特別受到外國人青睞的地區，整座村莊的人口都流失了。許多房屋只供來此度假的外國人居住，而且往往一年當中只居住幾個星期。這使得當地的企業和小商販紛紛離開，因為對他們來說在那裡做生意不再划算。不過，也有另一種情況：在法國和義大利，這類「移民」有時有助於小村莊免於沒落。這展現出對那些真正住在當地的人的關心與尊重。

為什麼不是
每個人想住在哪裡
就可以住在哪裡？

在德國，凡是生活所需應有盡有，而我們擁有的甚至還要更多。對我們來說，自由和安全是如此理所當然，乃至於大多數人根本不會去思考這件事。但這是世界上許多人連作夢都不敢想的。

約有300萬德國人長期生活在外國。

儘管如此，每年仍有14萬人離開德國。在2009至2013年間，甚至有71萬名德國人移民國外。相對地，在同一個時期移民到德國來的人「只有」58萬。也就是說，移出的人要多過移入的人。然而，並不是每個人都可以任意移民到德國來，也不是每個德國人都能隨便移民到他想去的地方。要前往這世界上絕大多數的國家都需要一份簽證，入境許可和居留許可。即使只是短時間到一個國家，例如度假，也仍然需要得到許可。每個國家都想知道有誰進入他們的領土。沒有任何國家有義務准許每個人入境，或是長時間收容每個人。這是為什麼呢？

這牽涉到什麼是國家，還有為什麼會有國家。

國家之所以形成，是當多半有著共同的根源、語言、價值觀、文化或利益的人希望一起實現他們的目標。這些目標是什麼，通常會記載在所謂的憲法裡。德國的憲法是基本法，是所有法律的基礎。這些準則和禁令讓憲法有了生命。在像德國這樣的民主國家是

什麼是難民、族群融合、庇護政策或仇外心理？

由人民選出代表，再由代表組成政府並且頒布法律。在專制國家則是由權力派系或少數幾個人來決定國家的規範與行事。

國家享有**主權**——不管是民主國家還是專制國家。這意謂著：外人無權干涉一個國家如何處理該國事務。這也包括每個國家有權自行決定允許哪些人進入。

不過，歐盟有個獨特之處：目前的28個會員國*給予彼此的國民在歐盟境內自由遷徙的自由。這表示任何一個會員國（包含德國在內）的國民都可以在其他會員國自由出入、遷徙及工作。為了使人員和貨物更容易自由流動，22個歐盟國家在《申根公約》中（參見P.153）取消了邊境圍欄和管制。不過，由於有數十萬難民想要入境歐洲，一些歐盟國家在2015年又將其邊境關閉。

在緊急情況下這是被允許的，但是在這件事情上卻不無可議之處：因為歐盟支持政治庇護權（參見P.92），亦即有義務收容特定難民。

主權意謂著不受其他國家影響，有權自行處理本國事務。

* 編註：英國已啟動脫歐程序，預計將於2020年底前脫離歐盟。

位於史特拉斯堡（Straßburg）的歐盟議會。

來的是什麼人？
哪些人可以留下？
哪些人必須離開？

為什麼不是所有難民在每個地方都會受到收容？為什麼有些國家築起高高的柵欄，封鎖邊界？因為難民也有差別之分。有些國家基本上不願意再接納任何外國人。

但是，凡是基於政治理由而逃難的人都有權利得到保護和庇護。哪些人屬於政治難民，在《日內瓦難民公約》（參見下一章）中有明確規定。這項協定屬於國際法的一部分，而國際法規範了國家與國家以及各民族之間的來往。簽署這項協定的國家保證向基於政治理由而逃到他們國家的人提供人道救援與社會援助。這種援助包括提供住處、食物、社會救濟、醫療照顧、工作許可，還有接受教育的權利。一個人是否真的出於政治理由而逃難，這一點會經過徹底的檢驗。畢竟需要避免這項權利遭到其他人濫用。

並非每個戰爭難民都是《日內瓦難民公約》中所定義的難民。但目前許多大規模的難民潮是由於宗教或種族衝突所引發的內戰所造成的。

難民的權利是各國於1951年所共同協商議定，當時著眼於歷經二次大戰的慘痛教訓之後歐洲的情況。最初《日內瓦難民公約》僅針對於公約簽訂之前那些年在歐洲境內成為難民的人。1967年，該公約的適用範圍在時間及地域上都擴大了。倘若納粹時期就有這種國際性的庇護權，許多受到迫害的人便能免於恐懼、悲慘和困境，數幾百萬人也能逃離納粹的暴行。因此，德國認為自己格外有義務要保護難民。

對許多人來說，逃往其他國家是他們得到保護、存活下去的最後希望。這些每天都呈現在我們眼前：我們看見來自敘利亞的影像，那裡沒有人知道暴力和恐怖明天會在哪裡爆發。我們聽到並且讀到關於伊拉克和阿富汗的恐怖攻擊，還有發生在非洲國家的大屠殺。透過人權組織，我們得知其工作人員在現場親眼目睹的暴行。這就使人更加難以理解何以有愈來愈多的國家試圖逃避《日內瓦難民公約》要求各國承擔的義務，亦即提供難民庇護。由於前往歐洲的難民人數不斷地增加，許多國家關閉了邊境，不想再讓任何難民進入，甚至通過。有些國家甚至聲稱這些人並非真的需要保護和援助。

　　無權得到國際對難民保護的是那些逃離飢餓、貧窮和苦難的人，還有那些知道在自己國家沒有機會擁有符合人性尊嚴未來的人。他們被排除在國際法的保障之外。因為按照國際法的理解，要為他們負責的是他們的原籍國。碰到嚴重的飢荒或是其他天災，聯合國雖然會介入提供物資及救援行動，但是救援的目的卻在於讓那些人能夠留在自己的家鄉。

塞爾維亞和匈牙利之間的臨時邊境圍欄。

5 你可以留下，你不能留下

Du ja, du nein

申請政治庇護
的權利：
誰有這個權利？
誰被排除在外？

「受到政治迫害的人享有庇護權。」這是德國基本法的規定。1948年的《世界人權宣言》賦予每個受迫害者得到政治庇護的權利。《日內瓦難民公約》則定義了哪些人屬於受政治迫害的人。

有鑑於二次大戰期間及戰後失去家園而流離歐洲各地的數百萬難民，1951年聯合國大會在日內瓦將庇護權明訂為一項人權。日內瓦是聯合國組織在紐約之外的第二大總部，《日內瓦難民公約》因而得名。到目前為止，共有148個國家簽署這項公約。但是由於全世界的難民人數不斷增加，許多國家把「紙上的東西不能盡信」奉為座右銘。當年誰也沒有料到，在21世紀又會有更多人、更多群體要仰賴庇護權以及該公約所提供的保護。

於1948年通過的《世界人權宣言》第14條中明訂：「人人有權向其他國家尋求並享有庇護，以避免迫害。」「享有」一詞在這裡指的並不是一種特別的享受，而是有權得到國家的協助。《日內瓦難民公約》共有46條，其正式名稱為「難民地位公約」。由於這個名稱有點拗口，這項協定便簡稱為《日內瓦難民公約》。

根據《日內瓦難民公約》，難民是指任何「恐懼因其種族、宗教、國籍、做為特殊社會團體成員，

庇護權屬於國際法的一部分。國際法規範各國之間的權利與義務。因此，任何國家都不能因為另一個國家給予其人民庇護而去「懲罰」這個國家，更不能要求把在他國獲得庇護的人民引渡回國。

或所持的政治信念而遭到迫害」，以致離開自己國家的人。他們在自己的國家得不到保護，甚至正是出於上述原因，遭到自己國家的迫害和威脅。有權申請政治庇護的人被稱為「政治難民」，因為他們的國家和政府政策歧視自己的人民。其人民受到警察、士兵或「國家權力」共謀者的迫害與折磨，基於政治因素遭到監禁、刑求或殺害。

凡是簽署這項公約的國家便有義務收容受到這種威脅和迫害的人。至於如何提供保護與援助，則由各國法律做更加明確的規定。目前相關的法律幾乎都更嚴格了。但不准難民入境的國家基本上是無視於這項義務。

被排除在庇護權之外的，則是那些因為與政治無關的犯罪行為在其母國遭到追捕的罪犯。畢竟不該讓犯罪者藉由庇護權的幫助在其他地方躲過法律的制裁。另外，違反聯合國基本原則的人也沒有權利申請政治庇護。這些基本原則中最重要的乃是人權。因此，主要是針對試圖逃亡的戰犯、獨裁者及其共謀者。

此外，「只是」逃離犯罪集團（例如販毒集團或黑手黨）的人也不是政治難民。保護這些人是他們國家的責任。沒有國家有義務替世界上其他國家扮演救星。當然，每個國家都可以自由收容飢餓或貧窮的人，只不過通常沒有哪個國家會這麼做。充其量在非洲某些地區，人們可以不受阻礙在國家之間遷徙。

基本上，受到國家迫害是一個人申請庇護權的條件。但是也有例外：例如，敘利亞難民有權獲得所謂的集體保護，因為他們受到伊斯蘭國的威脅。

為什麼難民在德國擁有特別的權利？

在德國，庇護權於憲法中位於前列：這是一種不容侵犯的基本權利。這項權利在1949年隨著基本法而制定，因此在《日內瓦難民公約》之前就已經通過。

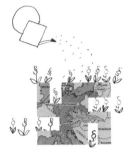

＊譯註：辛堤人和羅姆人在納粹德國時期跟猶太人同樣遭到計畫性屠殺。

在實務上，德國基本法中有關庇護權的這項條例幾乎派不上用場：每一百個案例中只有一個據此決定，其餘都是根據《日內瓦難民公約》來決定。

德國憲法第16a條是專為外國人制定的基本權利。在這項條文中，德國甚至要求自己承擔起更多的義務，是全世界唯一這麼做的國家：政治難民可以根據這項權利向法院提起訴訟。德國人做出這項特殊保證是從希特勒領導下的納粹暴政罪行中汲取教訓：1933至1945年間，有無數人因為政治因素，亦即出身或種族、宗教、國籍、所屬特殊社會團體或政治信念，而遭到歧視、迫害、追捕及謀殺。受害者主要是猶太人、羅姆人（Roma）和辛堤人（Sinti）＊，還有社會主義者和共產主義者，以及其他許多反對納粹政權或是大聲表達不同意見的人。許多受迫害者試圖逃往德國以外的地方尋找安全的棲身之所，但是卻在邊境遭到遣返（參見 P.36）。德國基本法第16a條也是當時新成立的德意志聯邦共和國向其他國家發出的一個信號。讓其他國家知道：在德國做出那麼多不公義的事之後，現在德國人向世界各地受到政治迫害的人敞開雙臂。任何因為政治因素而陷入困境的人，都可以仰賴德國的幫助，倘若受到德國的行政機構不公平的對待，他可以在法庭上維護自己的權利。

當世界變化時，各國有時會制訂新的法律來因應。庇護權的施行也一樣。過去幾年來，歐洲與德國在這方面都更嚴格了。

政治庇護都一樣嗎？難民可以想去哪裡就去哪裡嗎？

人權組織的抗議也阻止不了這種情況。造成嚴重後果的第一次干預發生在1990年代。當時在德國尋求政治庇護的人也多得超乎尋常*，有數以萬計的人逃離自南斯拉夫解體所發生的戰爭暴行與危險（參見P.42）。歐盟決定和挪威與冰島（瑞士和列支敦士登於2014年加入）以「都柏林規則」（參見P.151）來重新規範各國對這些來自巴爾幹半島的政治難民的收容配額。德國在基本法第16a條中新增了下述規定：經由另一個歐盟國或是「安全第三國」尋求援助的人，無權在德國申請政治庇護。所謂「安全第三國」是指簽署《都柏林公約》，但並不屬於歐盟的國家。想在《都柏林公約》簽署國申請政治庇護的人，只能在他抵達的第一個國家申請。如果他是從另一個《都柏林公約》簽署國入境，就會被送回那個國家。如此一來，與歐盟接壤的國家所承受的負擔就特別沉重。聯合國難民署徒然地告誡各國，庇護申請程序並非在每個國家都同樣公平且符合人性尊嚴。此外，難民不應該被驅逐回希臘*。東歐那些相對年輕的民主國家也不堪負荷；波蘭、捷克、斯洛伐克和匈牙利在2015/16年關閉了邊境。

庇護權也因為「機場程序」而變得更加嚴格：尋求庇護者凡是搭機抵達，會被拘留在機場，直到確認申請是否獲准。有時這個過程要花上好幾個月。

* 編註：德國曾於1992年收容來自前南斯拉夫43.8萬名難民。
* 編註：因為地理位置，大量難民自土耳其湧入希臘，也成了希臘政府繼債務危機後最頭痛的問題。

什麼是「安全原籍國」？這是由誰來決定的？

哪些地方的人是基於政治因素遭到威脅，哪些地方的人不是？儘管申請庇護是一種人權，各國仍保留決定權，在有疑問的情況下自行決定哪些原籍國是安全的，哪些不是。

在德國，來自下列國家的難民無權申請庇護：歐盟成員國、阿富汗、阿爾巴尼亞、波士尼亞與赫塞哥維納、迦納、科索沃、馬其頓、蒙特內哥羅、塞內加爾、塞爾維亞和土耳其（截至2016年7月）。

就許多國家而言這個問題並不存在：有些國家惡名昭彰，全世界都知道它們踐踏人權，並且基於政治理由迫害自己的人民。在其他國家，要判斷這一點比較困難。一般來說，在當地目睹暴虐行為的救援組織和人權組織會提出這類國家的名單。然而，所有收容難民的國家都堅持由自己做出判斷。在德國是由聯邦議會和聯邦參議院來決定哪些國家是危險的。他們會列出一張名單，上面是他們認為安全的國家。這項決定則根據外交部針對各國情況所做的報告。凡是「看來可以保證該國既無政治迫害，亦未發生非人道或侮辱人格之懲罰或對待」的國家，就會被視為安全原籍國。這段話只說「看來安全」，而非「確定安全」，由此便能看出端倪。如果有來自這類國家的難民在德國尋求庇護，他的申請表就會被蓋上o.u.（offensichtlich unbegründet，意思是「明顯沒有根據」）縮寫字母的章。這樣的難民會格外迅速被驅逐出境。聯合國難民署懇切要求各國個別審查每件申請案。有些國家只是因為簽署了國際協定就被視為「安全」，不論他們是否遵守這些協定。

把難民稱作「申請庇護者」，這樣的措辭其實蔑視了難民得到庇護的基本權利：因為人權和基本權利是不需要申請的，只要是人，就擁有這些權利。

為什麼難民受到這麼嚴格的管控？

誰都不能奪走這些不容侵犯的權利。誰要是試圖這麼做，就是違反了人權。《世界人權宣言》開頭便言明了這點。因此，比較恰當的說法是尋求庇護者或是避難者。那麼，為什麼所有的難民都必須先提出申請，經過一段冗長繁瑣的程序，才能獲得他們的權利？這是因為收容這些難民的國家想要確定沒有人以不正當的方式援引這項權利。否則這項權利就會遭到濫用，損及所有受政治迫害者的聲譽。因此，每一個尋求庇護的難民在踏上避難國的領土時都必須登記，要提供個人資料如姓名、出生日期、來歷、逃難原因，並且留下指紋。然後避難國會審查是否有不接納他的理由存在。例如，如果他在警方的通緝名單上，那麼情況就對他不妙。同時也會檢查他是否曾在別的國家尋求過政治庇護。倘若如此，那麼根據「都柏林規則」，就會立刻將他送回那個國家。若是沒有對他不利的情況，他就會被安置在難民收容首站。那裡會提供他膳食、醫療服務、衣物以及日常生活所需。至於他是否能獲准留下，這要由德國聯邦移民與難民局（BAMF）來決定。

尋求政治庇護者最慢在3個月後可以進入「臨時安置機構」：一處集合式住所或公寓。

成功了！然後呢？
如果沒有成功的話
又該怎麼辦？

為什麼要用巴士把難民從邊境和火車站送到難民收容首站，再從那裡送往德國各地的臨時住處？什麼人會被送到哪裡去？接下來呢？

依照「柯尼斯坦公式」（參見 P.152），尋求庇護的難民在抵達之後會被分配到德國各邦。至於哪個邦要收容多少難民，是每年根據各邦的人口數和經濟實力計算出來的，也就是說要視各邦的財力而定。難民收容首站多半是臨時性的：像是以帳篷、體育館或其他建築物做為大批人群的住處。在那裡往往是一張床挨著一張床，中間只用布簾隔開，以擋住別人的目光。經常有數以百計彼此全然陌生的人得在狹窄的空間裡一同生活，他們來自不同的國家，有時還來自敵對的國家。這往往容易引起衝突。你肯定能夠想像，即使在正常的情況下，如果永遠無法獨處，也會讓人難以忍受。而必須忍受這種情況好幾個星期的人，到最後就會變得易怒，或是開始爭吵。每個難民都會得到食物、衣服、醫藥和衛生用品（如肥皂），另外會拿到143歐元（約台幣5,000元；這是2016年的數字）的零用金。在最初的3個月難民不被允許工作。只能坐著等待是很折磨人的，因此至少語言課程和融合課程應該要盡快開始。在那之後，難民得以工作，可以自己賺錢。最後決定難民是否有權得到庇護，可能要經過15個月的時間，有時甚至更久。而德國各邦的情況都不同，取決於各邦的主管機關必須處理的庇

護申請有多少。如果難民被確認是政治避難者，接下來3年他就可以留在德國。其後會審查他的庇護理由是否仍舊有效，或者他的母國情勢已經有了改變。情勢若是沒有改變，他便能無限期在德國居留。

　　如果庇護申請遭到拒絕，難民未被認定遭到政治迫害，他就必須立刻離開德國。不願離開的人將被驅逐出境：警方會把他帶走，送上飛機遣返。庇護遭拒的難民可以向法院提出上訴。那麼在法院做出裁決之前，難民就會「暫緩」被驅逐出境。即使上訴遭到法官拒絕，也仍有例外的情況：倘若他能證明自己回國後可能面臨刑求、暴力、其他危險，甚至死亡威脅，他就可以留下來。他會得到「暫時保護」（subsidiären Schutz）——罹患重病而無法旅行的人也一樣。在這種情況下，他們被「容忍」居留：這些被容忍居留的難民處境比其他難民來得差。他們感覺得到別人不想讓他們留下，不斷想到自己可能還是會被驅逐出境。他們必須待在規定的居留地點，因此有些人會逃走，躲藏起來，讓政府機關找不到他們。他們生活在「非法」居留的狀態中，不時害怕會被查獲。而在未申報的情況下工作，他們就只能任由雇主擺布。由於害怕被驅逐出境，也無法維護自身的權益。逃匿的難民通常稱為「非法者」。但這個稱呼是錯誤的。沒有人是「非法的」，也就是說沒有人必須透過一條法律才能成為人。人之所以為人，單純只是因為他這個人存在。

Subsidiär的意思是輔助，此處意謂著「暫時」。

被容忍居留者若是在德國生活了8年以上，已經融入德國社會，能說德語，並且能夠自己負擔生活費用，就有希望得到無限期的居留權。而帶著未成年孩子的男性或女性只需要6年，青少年則是4年，如果他們這4年在德國學校就讀。

重新安置：
這對哪些人有幫助？
能有什麼幫助？

在2015/2016年，希臘發生了令人怵目驚心的場景：人蛇集團把愈來愈多的難民經由危險的海路從土耳其運送到這個已然負擔過重國家。於是，一項大規模的重新安置行動就此展開。

重新安置意謂著重新定居。這個名詞代表兩個過程：一種是一旦母國對難民來說再度變得安全，就經由受到保護的途徑將難民遣返。不過，重新安置主要是指把處於特殊困境或是置身於不安全避難國的人送到另一個國家，讓他們能過著符合人性尊嚴的生活。成千上萬的難民滯留在希臘，大多數是敘利亞難民，他們想要繼續前往西歐，但巴爾幹半島的國家相繼關閉了邊境。「重新安置」此一行動的目的就在於解除這個危機，同時遏阻人蛇集團。

聯合國難民署需要90萬個位置來收容特別需要援助的難民。但是各國每年提供的位置只有8萬個。

因此歐盟和土耳其制定了一項協議。*

以安全的船隻將從土耳其偷渡到希臘的難民遣返，歐盟則從土耳其的難民營接納人數相同的難民，上限為72,000名。由聯合國難民署挑選特別需要保護和援助的難民（尤其是帶著小孩的家庭），再用飛機將難民直接送往歐盟國家。這項重新安置行動也是對敘利亞難民發出一個信號，要他們根本不要試圖前往希臘。誰會付錢給人蛇集團，如果最後他又被送回

＊ 編註：歐盟與土耳其於2016年3月達成「一換一」(one-for-one)協議。

他出發的地方？

　　配額內的難民無須經過申請庇護的過程。他們被准許立刻開始工作，而且不同於申請庇護的人，他們在難民營短暫居留之後，如果找到工作，就可以在他們想要居住的地方安頓下來。重新安置和依配額機制安置難民是聯合國難民署的一項人道救援工具，全世界共有25個國家參與這項計畫。不過，並非每個國家都會收容聯合國難民署分配給該國的每一個難民。有些國家拒收生病的難民，倘若治療費用過於昂貴。有些國家則提出特定條件：例如，美國偏好基督徒以及從事某些職業的難民。澳洲（世界上最大也最古老的移民國家之一）則以該國所分配到的難民配額為由，對其他難民關閉了邊界：凡是自行透過水路前往澳洲尋求庇護的人會在海上遭到攔截，並送往太平洋上的小島。就連孩童也面臨相同的命運。

配額是指一個特定的數量。

在希臘科斯島（Kos）上等待聯合國難民署工作人員登記身分的戰爭難民。

「我們辦得到！」
人權能取決於
世人的善意嗎？

你和你的朋友一定碰過這種情況：如果你們想要做成一件事，你們就必須真心投入。只要有人臨陣退縮，事情就會變得困難。如果有好幾個人唱反調，他們便會危及所有人的成功。

「沒有做不到的事！」要達成一個目標，這仍舊是最佳途徑。這能激發人的動力，釋放出力量。2015年夏末有無數的人挺身而出，讓我們看見我們能做到什麼：當時在短短的時間內就有幾十萬難民來到德國的國門前。年長的與年輕的志工、整個家庭還有各個組織在無瑕思考的情況下，紛紛捲起衣袖：他們趕到火車站和難民收容首站，向陌生人表示歡迎。大多數難民經過長途跋涉，一路遭遇許多危險，已經筋疲力盡。那些來幫忙的人帶來了毛毯、衣服、食物、飲料和給孩子們的絨毛玩具，並且加以分送。他們提供安慰與支持，其後協助難民適應在德國的生活，陪同前往政府機關辦理各種手續，以及其他許多協助。商販、公司和飯店送來食物和飲料，私人捐贈缺乏的物資也不在少數。這種「歡迎文化」（Willkommenskultur）的相關報導傳遍了全世界。大家對德國人的表現感到驚訝，並且稱讚有加。在難民被安置的社區裡，協助者成立了團體，繼續照顧那些尋求庇護的難民：協助他們學習德語或是家庭作業。

在2015年夏秋和那之後的難民潮裡，德國總理梅

德國總理梅克爾參加於伊斯坦堡舉行的世界人道主義高峰會。

克爾也展現出特別的韌性。為此她飽受來自國內政黨甚至人民的批評。有鑑於難民的悲慘處境，當時她提出了「我們辦得到！」這個口號。這句話遵循人性的要求，並且嚴肅看待庇護權這項基本人權。批評者和對手指責她說，有很多難民根本是受到她這番話的鼓舞才設法逃到歐洲來。梅克爾寄望德國人團結，也希望歐盟其他國家能夠團結。然而許多國家的領袖並未表示「我們必須辦到，而且會一起努力！」，反而逃避責任，背棄她和德國人民。梅克爾反駁他們：我們德國有8,000萬人，歐盟有5億人，難道我們無法收容一、兩百萬處於困境的人嗎？歐盟的難民政策失敗了。更有甚者，歐盟有瓦解的危險，因為一些成員國拒絕履行對難民的人權義務。危機尚未結束。

6

對陌生人的恐懼
Die Finger in
den Wunden

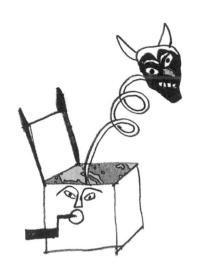

這裡的一切都這麼陌生！為什麼幼兒會怕生？

麗莎期待不已：因為今天她將第一次見到她的小表妹。她露出燦爛的笑容，滿懷期待地望進那張小床，但寶寶卻把臉一皺，哭了起來。

那個小嬰兒怕生。但不是每個嬰兒看見不熟悉的臉孔時都會出現這種反應。有些嬰兒起初毫不怕生，有人對他們微笑，他們也報以微笑。但是也許幾個月後他們又突然變得在陌生人太過接近時感到害怕。這種情況也會再次消失。

一個孩子在這個世界上愈是感到自在，他就會愈加好奇，想要探索這個世界，並且無拘無束地與其他人交往。就算孩子曾經有過不愉快的經驗，也阻止不了他們的好奇心。孩子會學習處理不愉快的經驗，這是件好事。唯有如此，他們才能征服自己周遭的世界，並且找到自己在當中的位置。對於一切陌生的事物先保持謹慎或恐懼有其必要：孩子藉此學會正確地去評估身邊的人和事。這屬於建立起自我意識的過程。從某個階段始起，在父母和兄弟姊妹這些熟悉的臉孔之外會出現陌生的臉孔。要向這些陌生的臉孔敞開胸懷，一開始需要勇氣，到了某個時候就變得自然而然。

儘管如此，有些成年人日後還會再度對陌生人感到恐懼。如果不去面對這個問題，在最糟的情況下就會變成仇外心理。這不僅會傷害別人，也會傷害到自己。下面幾頁對此有更詳細的說明。

什麼是難民、族群融合、庇護政策或仇外心理？

在外地我們全都是外人。這一點想必你有過親身體驗，當你到離家很遠的地方度假，甚至也許是在另一個國家。儘管如此，你並不害怕。

不要讓成見有滋長的空間！陌生的他或她如何有了面貌？

又何必害怕呢？畢竟我們都是人類。也許不久之後你會到國外的學校學習一年，屆時你甚至會住在一個外國家庭裡。這件事很令人興奮，不僅是對你來說，對於接待家庭的父母和他們的孩子也是如此。畢竟你們誰也不知道自己將會碰上什麼樣的人，遇到什麼樣的事。如果你對外國人懷著猜疑，對他們抱有成見，你就無法做這樣的冒險。

這的確需要一點勇氣。但這是值得的，如果你不想錯過令人興奮的經歷和體驗。對陌生事物感到好奇的人就能擴展自己的眼界和人生。這就是接納外國人的接待家庭想要的——反之亦然。你們對彼此感興趣，也對彼此的生活方式感興趣。你認識到另一個地方的日常生活，也認識了在你的接待家庭和你作客的國家適用的遊戲規則。為了跟大家和樂相處，你自然而然會遵守這些規則。接待你的人想要從你那兒得知你看重些什麼，並且盡可能考慮到你的喜好和習慣。畢竟他們希望你能感到賓至如歸。你們學習認識彼此，並且對彼此表現出寬容和尊重。陌生的他或她有了一張臉孔，於是成見就不再有機會滋長。

構築成見或是維持成見的人會讓自己和別人都不好受，而這毫無必要。

回到石器時代：
害怕外人跟蜘蛛
有什麼關係？

提姆和麗莎有時候會因為他們的父親而笑彎了腰：這名身材高大的壯漢看見一隻小蜘蛛就會嚇得倒退一步。他是怎麼回事？這兩個孩子覺得爸爸這種舉動很令人難為情。

在麗莎和提姆的父親心中浮現的是人類一種十分古老、早已不必要的恐懼：對蜘蛛的恐懼。這種恐懼是人類發展史的開端所留下的殘餘。在幾百萬年前，被一隻有毒的蜘蛛咬一口就有可能致命。因此若想要存活，就必須小心謹慎。這種恐懼仍舊殘存在人類的一部分大腦。儘管今天我們早已知道我們周圍的蜘蛛沒有毒害，許多人看到這種動物還是會感到噁心。一看到蜘蛛，他們腦中遠古的「恐懼程式」就又啟動了。要對抗這種恐懼只有一個辦法，就是鼓起全副勇氣去摸一隻蜘蛛。誰要是這樣做，就會很快察覺這對他並沒有傷害，而他的恐懼就可以逐漸消除。

這聽起來很瘋狂：但是對外來者的恐懼也在我們大腦中留下深深的痕跡。這是研究大腦的科學家發現的。一如對蜘蛛的恐懼，對外來者的恐懼在人類最早的時期也攸關存活。對石器時代的人類來說，每一個外來者都是敵人。凡是不屬於自己部族，卻出現在地盤上的人都是競爭對手，前來爭奪原本就已稀少的獵物。因此，外來者會遭到激烈的對抗。

遠古意指來自遙遠的古代。

我們距離石器時代和那個時代的危險已經十分遙遠。已發展的人類幾乎不會再按照遠古時期的本能來思考和行動。理智取代了這些本能，這使我們和動物有所區別。在本能之外我們還學到了很多東西。穴居人類的恐懼已經過時。我們不再拿著石斧去尋找食物，而是提著購物籃上超市。我們是文明人，應該學到人類並非人類的敵人。

盡管如此，在21世紀，在文明人當中和文明國家裡，排外的情況又散布開來。在法國、荷蘭和德國這些歐洲國家，支持極右派、種族主義和國家主義的政黨列隊遊行，煽起對外國人的恐懼，宣傳仇恨。這不是退回到石器時代，而是退至上一個世紀的野蠻暴行。在德國，排外聲浪最大的是那些根本不認識外國人，也根本不想認識外國人的人。單憑這一點，他們就無權做出判斷。

拒絕對外國人敞開胸懷的人是懦夫。

這種人不想對各種成見和觀點追根究柢，以免落入必須修正自己觀點的尷尬處境。而真正危險的是煽起恐懼和仇恨的**種族主義者**與**國家主義者**，這種恐懼和仇恨導致愈來愈多排外的暴力事件（參見 P.113 和 P.118）。

並非每個發表排外看法的人都是種族主義者。他們往往只是不經思索。但是這兩者之間的界線是流動的。如果拒絕去深入探討自己為什麼會有這種想法，此人就可能上了種族主義者的當，或是自己也成為種族主義者。

種族主義者排外，他們聲稱人類有各種不同的種族，認為凡是非我族類就是劣等人種。

國家主義者只以自己的國籍和民族來定義自己，自認為優於其他人，並且以激烈的態度擁護這個信念。

對外人的恐懼
也許是
對自己的恐懼？

這種情況肯定也在你身上發生過：你在學校裡搞砸了一份作業或是幹了些蠢事。你氣你自己，所以情緒很糟。而你把你的壞情緒發洩在兄弟姊妹身上，甚或發洩在父母身上。

成年人有時候也會這樣。如果爸媽有時候脾氣特別糟、特別不耐煩、甚至不講道裡，事實上他們往往是在生自己的氣。或是他們基於某種原因而承受著很大的壓力，使得每件事、每個人都令他們心煩，包括你在內。如果運氣不好，他們就會把氣出在你頭上，為了一點小事就責罵你。事後你們——要看這樣沒禮貌又不講理的人是誰——多半都會感到抱歉。在最好的情況下，等這陣情緒過去，你們會說出心裡的話，互相和解，從而拯救了家裡的和平。不過，要做到這一點，你們必須對自己誠實也對別人誠實。你們必須向彼此承認由於自己所犯的錯誤或是心中不滿，而把對方當成了替罪羔羊。

被排外心理吸引或是讓自己受到排外心理控制的人往往也是如此。其實他們是對自己或自己的處境感到不滿，卻不願意承認這一點，或是懶得做出改變，反而把自己的不滿發洩在「外來者」身上。在這種情況下，那些外國人就毫無機會。不同於你和你家人的情況，這些排外者並不想要「和解」。事情正好相反：他們根本不想知道關於外國人的任何事，反而

勤於維護他們對於與外國人接觸的恐懼，而這份恐懼有可能逐漸升高為仇恨。如果你嘗試去跟這種人討論他們的負面成見，你通常毫無機會：他們不聽你說，或是讓你白費唇舌。他們之中沒有人能舉出具體的事物或是理性的論點，來說明我們為什麼要排斥外國人，甚至害怕外國人。事實上，問題不在於外來者，而是他們自己。

為什麼有些人特別容易染上排外心理，有些人不會？這件事並沒有單一原因。不過，背後總是隱藏著自己的不滿和成見。這本書也想鼓勵大家去釐清和檢視排外心理的背後到底藏著什麼，去加以思考，並且盡可能修正。

位於特洛格利茨（Tröglitz, 薩克森—安哈特邦 [Sachsen-Anhalt] 的一個小鎮）的難民收容所在2015年4月遭人縱火。

Pegida及其同路人：排外者在哪些地方，以何種方式顯露出他們的面目？

不管在哪裡，當Pegida及類似團體的支持者走上街頭，感到擔心害怕的不只是外國人。因為這些排外分子所流露出的是對人類的憎恨。

Pegida並非政黨，但是卻替仇視外國人與伊斯蘭的另類選擇黨（Alternative für Deutschland, 簡稱AfD）鋪了路，該政黨在選舉中成功地進入了幾個議會*。

* 譯註：另類選擇黨目前已在德國10個邦的議會中佔有席次，並且在2017年德國大選中得到12.6%的選票，進入聯邦議院，成為第三大黨。這是自1950年代以來，首度有極右派的政黨在德國取得國會席次。

他們罵外國人是「骯髒的無賴」和「廢物」，把穆斯林和「畜生」與「垃圾」相提並論。會這樣說別人的人暴露出自己的真面目。仇視外國人的人無視我們社會的基本價值，而加以踐踏。攻擊外國人的人不懂得人道精神，否認人類的尊嚴。Pegida分子甚至肆無忌憚地煽動人民。Pegida是「歐洲愛國者反對西方伊斯蘭化」（Patriotische Europäer gegen die Islamisierung des Abendlandes）的縮寫。在萊比錫（Leipzig），這個團體的支持者自稱為「Legida」，在其他城市就用各城市名稱的開頭字母來取代g之前的字母。

這種有組織的對外國人與伊斯蘭的仇視始於德勒斯登和萊比錫。每個星期一，在那兩座城市就有示威者走上街頭高喊：「我們是人民。」（Wir sind das Volk）他們濫用東德垮台前夕人民爭取自由時的示威口號。1980年代末期，這兩座城市的民權人士定期去參加「週一示威」，以抗議東德這個暴政國家拒絕給予人民示威的權利。那樣做很勇敢。因為示威者每次都冒著被警察和祕密警察毆打、逮捕和入獄的危

什麼是難民、族群融合、庇護政策或仇外心理？

險。他們不因此而膽怯，終於在1989年以和平抗議推翻了東德政權。

　　Pegida借用了當年東德民權人士的口號，這對當年那些為了爭取自由而走上街頭的人是一種嘲諷。因為Pegida分子並不和平。從他們使用的語言就能看出：用話語也能引發不和，尤其是鄙視人的語句。他們在排外遊行中有時也會揮起拳頭：反對他們的抗議者和記者遭到毆打。Pegida的一個極右派領導人甚至豎起絞架，寫著政治人物名字的牌子表明了他最想把哪些人套上絞索。另一個Pegida領導人則辱罵議員、教會代表和法官，由於他們對難民所抱持的態度，稱他們是「出賣人民、教唆人民的菁英分子」，要求「理性的」市民應該要用糞叉把他們趕下台。最令人震驚的是：就連什麼都不缺的人也加入了Pegida的行列，包括那些基於自己所受的教育或是自己的過去而應該要更明瞭事理的人。

　　現在你也許會問：為什麼不乾脆禁止這些愛叫囂的種族主義言論以及惡意的活動？因為這是做不到的。他們受到民主國家「言論與集會自由」這項基本權利的保護，也受到寬容原則的保護。德文寬容（toleranz）一詞源自拉丁文的tolerare，意思是「容忍」或「忍受」。在民主社會裡，每個人都有權利自由表達自己的看法，而每個持有不同觀點的人都必須加以容忍。

另類選擇黨的一名領導人物要求警察在必要時應該要對難民開槍，以阻止他們入境德國。

Legida在萊比錫示威遊行時，反對者所舉的示威標語。

一竿子打翻一船人！
是誰煽起
反對穆斯林的火苗？

所有的納粹分子都很危險。所有的德國人都是納粹。所以，所有的德國人都很危險。假如有人這麼對你說，你會生氣地對他豎起中指。而你也有理由生氣。

因為說這種話的人貶低了我們所有人，煽動偏見，並且一竿子打翻了所有人。而這正是穆斯林以及那些從伊斯蘭教國家來到德國的難民所遇到的事。排外分子與組織煽動對外國人與伊斯蘭教的仇視，他們誣指難民意圖摧毀我們的自由社會，將歐洲伊斯蘭化，並且在德國進行恐怖主義行動。這是思想上的縱火，並且煽起了不理性的恐懼。最糟糕的是，難民對此無法反擊，因為做出這種挑撥舉動的人是不講理的。這種說法不僅一竿子打翻所有難民，而且是全世界16億穆斯林。

這種仇視伊斯蘭的謊言在2001年9月11日恐怖分子於紐約及華盛頓進行恐怖攻擊之後開始散布開來。當時基本教義派的恐怖組織蓋達組織派出自殺攻擊者，他們駕駛飛機衝撞世貿中心的雙子星大樓以及美國國防部五角大廈。蓋達組織聲稱他們是奉真主之名行動。這是個謊言，也濫用了先知的教誨和整個宗教。《可蘭經》清楚寫著：「殺死一個人就如同殺死所有人。」對穆斯林來說，殺人是最嚴重的

罪行，就跟其他宗教一樣。

　　在蓋達組織之後，又有其他新的恐怖組織出現。其戰士自稱為聖戰士，根據《可蘭經》裡的聖戰一詞而來（參見 P.50）。

　　這些自稱「為神而戰」的人用恐怖行動所追求的目標完全不同：他們想要的是權力。他們對《可蘭經》做出錯誤的詮釋，用以做為恐怖行動的辯解。在馬德里、倫敦、巴黎、布魯塞爾和其他地方，許多人成為他們恐怖攻擊下的受害者。在敘利亞、阿富汗、伊拉克和許多非洲國家，他們對穆斯林發動戰爭。暴力的受害者一個都嫌太多，而恐怖行動的受害者絕大多數是信奉伊斯蘭教的教徒。正因如此，他們才逃到德國來。而在我們這裡，他們再次成為那些仇視伊斯蘭教的煽動者的受害者。這些煽動者引用「基督教的西方」的價值觀，濫用基督教價值，就像散布仇恨的恐怖分子濫用《可蘭經》一樣。畢竟基督教教義的核心乃是博愛、寬容與尊重。

仇視伊斯蘭教的組織其發言人對於恐怖行動在歐洲之外（像是伊拉克、敘利亞或非洲國家）所造成的穆斯林受害者隻字不提，除非當中有德國人，這就不言自明。

在匈牙利傑凱涅什（Gyekenyes）火車站等待的難民。

誰害怕黑人？
那白人呢？

在一場班級派對之後，幾個女生在回家途中被男同學騷擾及猥褻。她們設法自衛跑走。隔天校長發出警告：所有的男同學都是豬玀而且危險。

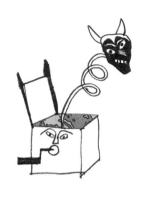

什麼？假如有哪個校長、老師還是哪個大人說出這種話，他就會觸犯眾怒。畢竟，那樣的指控太過分。同樣地，也不會有人去指責所有的男人都是潛在的鹹豬手和性侵犯，不管是父親、叔伯還是兄弟。雖然在德國每10位女性就有一位曾經是性暴力的受害者，而每4起性侵案中就有一起是由熟人或家庭成員所為。如果因而把所有男性都置於整體嫌疑之下，不僅錯誤而且惡毒，也會破壞我們社會中的基本信賴與和睦。

根據警方統計，外國人並不比德國人更容易犯罪。相較之下，難民的犯罪數字甚至微不足道。

但是，這種情況卻發生在來自其他國家或膚色不同的男性身上——彷彿這句俗話說得對：如果兩個人做了同樣的事，卻未必能一概而論*。如果一個因其膚色、髮色或語言而被認出是外國人的人犯了罪，甚至是性侵一名女子，那麼來自同一個國家的所有男性很快都會被視為嫌疑犯。

* 譯按：意指採取雙重標準。

這就是2015/2016年跨年夜在科隆火車站及其他城市發生那些可惡的性侵事件之後的情況。在那幾

個地方，一群大多來自北非的年輕男子以十分惡劣的方式騷擾女性，搶劫她們的財物，公然猥褻甚至性侵害。警方表示女性受害者超過1,200人，而涉嫌犯案者在可能有2,000人。眾人（也包括難民在內）對這些人表達了厭惡、抗議和憤怒，他們也有權這麼做。排外者則利用這起事件煽動恐懼。極右派分子和新納粹分子對所有深膚色的男子大表憎恨。來自極右派圈子的許多女性謊稱自己受到非洲人或阿拉伯人的攻擊，藉此製造出對難民不滿的氣氛，尤其是針對來自非洲的黑人。這麼做的人不僅傷害了難民，也傷害真正受害者的可信度。

像在科隆的這種大規模性侵事件以前從未發生過，但是女性在公共場所遭到性暴力卻時有所聞。例如慕尼黑的十月啤酒節，每年都會發生同樣令人作嘔的性侵事件，只不過在那裡對女性做出這種事情的大多是「白種」男人和德國男人。對許多女性來說，不僅在回家途中得忍受眾人嘲笑，而且並未有人群起抗議，受害者甚至常被指責是她們舉止不當或者衣著暴露才引發這些犯行。

無論如何，科隆跨年夜性侵事件促使性暴力在未來將會受到更嚴厲的懲罰，不管施暴者是誰。此外，那些隸屬犯下這類罪行的團體的人如今也可能受到懲罰。任何形式的性侵和性暴力都是犯罪行為，嚴重侵犯人性尊嚴。這種恐懼如此巨大，因此格外容易被種族主義者用來煽起對外國人的仇視。

不要對我撒謊！
製造假新聞的人
如何煽起
對外國人的恐懼？

你是臉書及其他社群媒體的粉絲嗎？那麼請你不要相信那上面的所有訊息，就算那些消息有幾千人追蹤並且按讚！在網路上責罵「媒體說謊」的人其實自己才是卑鄙的造假者。

也許你就曾經上過這種「假新聞」的當。或是有人告訴你一些他們在網路上找到的有關難民的壞話，例如下面這則新聞：「難民在 X 市搶劫了一間超市。他們高喊『我們是難民』，然後推著裝滿的購物車從收銀檯旁衝了出去。」

這種行為聽起來很無恥，但卻是卑鄙的謊言。

詢問之下，超市的工作人員驚訝地表示：不，他們店裡不曾發生過這種事。下面這則新聞是另一個例子：「在 Y 村，一群難民入侵一座寵物動物園*，把動物宰來吃。」那座動物園的主人被問及此事時詫異地說：「我園子裡的動物好得很！這是誰說的？」還有一則恐怖的消息是：「穆斯林難民切下了妻子的頭顱。」這是一張照片的標題，照片中兩名急救人員正將擔架推進醫院。該圖盜用自一個正派的新聞網站，內容與這則消息毫無關聯。那些仇視外國人的部落格就連這種卑劣的拼接照片也照用不誤。還有一張照片

＊譯註：寵物動物園（Streichelzoo）裡飼養著可供兒童撫摸及餵食的小動物。

也在臉書上被轉貼了上千次：照片上是一名受虐的的老婦人。下方文字是：「75歲瑞典老婦遭到移民性侵與虐待。」這個婦人確實存在——只不過她既不是瑞典人，也不是受到移民攻擊。這張照片攝於南非。一則尤其惡劣的假新聞甚至引發和克林姆林宮之間的外交糾紛。該則新聞指出一名13歲俄裔德國女孩在柏林遭到難民綁架性侵。事實上那名女孩是離家出走，幾天之後就懊悔並且安然返家。

正是這些故意散布假消息的人會指責正派媒體為「說謊的媒體」。他們聲稱記者聽從政治人物的指示而壓下有關難民的負面新聞。警方以及像是Mimikama這類組織在社交媒體上仔細搜查假造的新聞。在2015年科隆跨年夜性侵事件（參見 P.116）發生後，這些假新聞幾乎怎麼也清除不完。Pegida及其同路人（參見 P.112）也用別種假新聞來煽動與製造對難民不滿的氣氛。例如下面這個例子：一名報社記者在網路上發現一張自己的照片，臉部被打上馬賽克。照片下方的說明寫著：「難民把自己的購物券送給無家可歸的婦人。」事實上，該名記者是為了撰寫一篇報導而去親身嘗試用難民拿到的救濟購物券購物。為了這篇報導的附圖，她拿著一張救濟購物券面對鏡頭。那些煽動者在網路濫用這張照片來散布暗藏的訊息：「難民的日子過得太好了。他們把從我們國家（也就是用我們的錢）拿到的東西再轉送出去。」

Mimikama（斯瓦希里語 [Suaheli] *「我喜歡」的意思）是一個遏止網路假新聞的非營利組織。在他們的網站（www.mimikama.at）上，你可以讀到最近有哪些假新聞剛被揭穿，如果讀到可疑的新聞，你也可以向該網站通報。

＊ 編註：非洲使用人數最多的語言之一。

被殺死的泰迪熊出現在門口！難民都得害怕些什麼事？

想像下面這個場景：早晨你打開家門，發現一隻泰迪熊躺在你家門口，咽喉被切斷，紅色顏料從裡頭流出。你會大受驚嚇，而那個畫面會在你腦海中久久揮之不去。

根據「殼牌青少年研究」（Shell-Jugendstudie）＊最新的調查結果顯示，12歲到25歲的德國人當中，幾乎每2人就有一人害怕仇外情緒。

＊譯註：這項調查始於1953年，針對德國青少年的價值觀、生活習慣與社會行為進行調查，大約每4年進行一次。根據調查結果所做成的報告是受到學界認可的參考資料。

你認為才不會有人做出這種事？錯了。黑森邦（Hessen）一處難民收容所的孩童就經歷了這種事。在另一個地方，夜裡有人扔石頭打破一個難民家庭的臥室窗戶。而在德國東部的小鎮，3名青少年襲擊一名奈及利亞孕婦：那名婦人從一間超市走出來，頭上頂著一袋馬鈴薯，幾個少年便伸出腿將她絆倒。當她無助地躺在地上，他們還用腳朝她猛踹。儘管婦人大聲呼救，卻過了好一會兒才有人來幫她。在「信奉基督教的歐洲」，難民必須要面對這類攻擊和卑劣的行為。單是2015年，德國就發生了1,031起攻擊難民收容所的犯罪行為：縱火，丟擲石塊和爆竹，或是用槍射擊。牆外被畫上納粹卍字標誌和右翼極端主義者的口號。沒有人切確知道有多少難民在暴力襲擊下受傷，有數已百計的攻擊事件未被通報。根據官方統計，德國每天會發生3件排外攻擊事件，其中只有極少數被查明，更別說抓到犯案者了。侮辱和「小小的」卑鄙行為根本不會被記錄。而要對此感到害怕的不只是難民。

7

我們是誰，
是什麼塑造了我們

Wer wir sind
und was uns prägt

所有人生而平等。
那成見是怎麼
產生的呢？

一個人膚色白或膚色深，是金髮還是黑色卷髮，這對你來說會有差別嗎？如果有，那麼就是在某個時候曾經有人灌輸了你這種想法，讓你去注意這些差異。

兒童不在乎這些差異，他們不會去評價這些事，只會去試探陌生人是否和善，或是能不能當他們的玩伴。每個人來到這世上都不懷有成見，成見只有在成年人替其他人貼上標籤時才會產生。幾句未經思索的話語就足以阻止一個孩子對那些「不一樣」的人產生好奇。如果孩子盯著一個乞丐、身障人士、黑皮膚的人或是戴頭巾的女子瞧，大人經常會說：「別這樣看人家！」這句話其實並沒有惡意。他們只是覺得孩子的好奇心令人尷尬，想阻止孩子讓對方感到不自在。但是對孩子來說，「別這樣看人家！」聽起來卻像是一種警告，導致不愉快的感受。將來他再遇到不熟悉或者不一樣的人時，便無法大大方方地面對。那些人就這樣被貼上了標籤。

「我對外國人並不反感，可是……」凡是用這句話開頭談起「難民」、「非洲人」或「穆斯林」的人，就顯示出他懷有成見。

　　在最糟的情況下，那些所有「不一樣」的人將來都會引發負面的感受。那麼，距離相信自己「優於其他人」也就不遠了。昔日許多外籍客工（參見 P.83）及其子女就曾親身體會到這一點：因為有些德國家長禁止他們的孩子和衣著有時顯得寒酸的「外國小孩」一

起玩。當年的「外國人」早已成為我們的一分子。如今要面對這種成見的不再是外籍客工，而是阿拉伯人、非洲人和穆斯林。因此，請儘管放心把目光投向他們，並且試著和他們交談。這樣一來，「那些」難民就有了面孔，而你會發現他們就跟你我一樣。恐懼甚或憎恨的情緒就沒有機會出現。如果有人用輕蔑的口吻說起「那些」阿拉伯人、非洲人、穆斯林或是難民，請你反駁他們。誰若是用那種語氣說話，就顯示他在用替別人貼標籤的方式思考。很遺憾，有時候政黨也如此思考。根據德國基本法，政黨的任務在於參與人民意志的形成。因此，當政治人物挑起歧視、排外行為和恐懼時，就特別令人憂慮而且不負責任。這種**民粹主義者**分化了社會，而不是凝聚社會。

民粹主義者是指為了獲得選票而只重視所謂大眾觀點的人。(民粹主義〔populist〕源自拉丁文「populus」，意指人民)

頭巾、垮褲、迷你裙：穿什麼衣服會決定你是什麼樣的人嗎？

你穿這樣到處跑嗎!?在這個問句背後總是隱藏著指責。當你的父母或其他成年人這麼對你說,他們想說的是他們不滿意你的穿著。

當迷你裙蔚為風尚,在許多家庭都引起了激烈的爭論,關於一個「規矩」的女孩該不該穿這種衣服。

例如,一些男生會穿露出內褲的垮褲,有些成年人覺得那很低俗。但是,並不是每個穿垮褲的人都個性輕佻,就像不是每個穿西裝的人都很古板一樣。情況通常相反。穿著超短迷你裙或是中空上衣的女孩有時也會招來批評:別人會認定她們是想招引男生。有些人甚至認為這麼穿的女孩可能會失去她們的「好名聲」。而女孩其實只是喜歡追隨最新的時尚潮流,覺得迷你裙很時髦,穿起來很漂亮。這有何不可呢?吸引別人的目光又有什麼不好?前往歌劇院、參加舞會或是其他喜慶場合時,穿上強調身材的設計、甚至是低胸服裝的女性不也是在吸引別人的目光嗎?這是我們文化的一部分,女性讓自己美麗,並且不否認自身的女性特質。

深受穆斯林文化影響的國家,情況則正好相反。在許多國家,女性外出時會用頭巾或面紗遮住頭髮和頭部。儘管如此,她們當然還是可以裝扮自己:有些人會挑選特別的布料,用睫毛膏和眼線強調眼睛,或是穿上高跟鞋。其他人會盡量穿得不引人注目——視

每個國家和每個家庭的文化與傳統而定。頭巾和面紗被視為公開表明自己的信仰，雖然《可蘭經》並沒有規定女性要戴頭巾和面紗。不過，在某些國家和家庭裡，頭巾和面紗也有別的用途：亦即用來壓迫女性。如果男性強迫自己的女兒和妻子戴上頭巾或面紗，他們就是在展現權力，並且無視人權的平等原則。他們引用《可蘭經》裡的一句話，那句話說：「真主使男人比婦女更優越」（參見右側注釋）。如果一名女性反抗這句話，她就生活在危險之中。

在德國的某些家庭，穆斯林女性若是不戴頭巾也有遭到懲罰乃至遭受暴力的危險。她們的丈夫、父親和兄弟認為這玷污了他們的個人榮譽：畢竟大家都會看見他們家的女性不「服從」他們。特別是生活在少數族群社區或是聚集區（參見 P.141）裡的家庭，這種壓力更甚。在那些地方，社會控制的力量很強，每個人的生活方式都會受到密切關注。凡是違反傳統慣例的人就會受到鄙視。

因此，融合十分重要。

我們不該對戴頭巾的婦女和女孩側目以對，或是排斥她們，而應該支持她們。我們也該和男生討論這個話題。這件事情特別顯示出：要達到兩性平等並且尊重人性尊嚴，教育乃是關鍵。

但是，並非每個戴頭巾的女性都是「受害者」。有的人覺得戴頭巾很自在，有的人則是為了避免衝突——她們在等待自己年滿 18 歲。屆時她們想自己決定，是寧願不戴頭巾還是戴著頭巾生活。

「你們做妻子的，當順服自己的丈夫，如同順服主。因為丈夫是妻子的頭。」（〈以弗所書〉5:22-23）「你們做妻子的，要順從自己的丈夫。」（〈彼得前書〉3:1）這幾句話出自《新約聖經》。其所流露的思想直到數十年前形塑了德國的文化，甚至體現在法律上。

1983 年以前，天主教會規定女性在做禮拜時要遮住頭部。

讓我們面對現實！
你的信仰是什麼？

克里斯提昂、蕾貝卡、阿妮莎、阿曼、葛雷戈和茉莉亞每天都在同一個班級裡上課。克里斯提昂和茉莉亞受過洗禮，蕾貝卡是猶太教徒，阿妮莎是印度教徒，阿曼是穆斯林，葛雷戈則根本不信教。

＊譯註：伊斯蘭曆第9個月為齋戒月，每天從日出到日落都禁食、禁水，而第10個月的第一天就是慶祝齋月結束的開齋節。

＊譯註：普珥節是慶祝波斯帝國時期猶太人免於滅族的節日。這一天猶太人會吃一種三角點心，叫做「哈曼之耳」。哈曼是打算殺死所有猶太人的波斯大臣，吃這種點心以示對他的報復。

印度傳統節日灑紅節。

「那又怎麼樣？」現在你也許會問，「這重要嗎？」當然不重要。在學校裡，除了倫理課和宗教課，大家很少談起各種不同的信仰。除非是克里斯提昂和茉莉亞在聖誕節過後穿上漂亮的新衣服，是「聖嬰」或「聖誕老人」送給他們的。或是阿曼在伊斯蘭「開齋節」＊過後請他的朋友吃冰淇淋，因為在齋戒月結束時，孩子們會收到禮物，可能是糖果或是現金。在猶太人的「普珥節」＊過後，蕾貝卡也許會帶一些甜的三角餅乾到學校來。阿妮莎則邀請朋友去參加「灑紅節」，這一天印度教徒向彼此投擲彩色顏料，在德國的一些

什麼是難民、族群融合、庇護政策或仇外心理？

城市裡，這是人人皆可一起同樂的活動。對孩子們來說，每個人都有不同的信仰不是問題；又為什麼會是問題呢？他們誰也不會有這種想法，因為某個人的信仰不同而不屬於他們，或是不屬於我們。

但是談到伊斯蘭教，有些人正是如此宣稱，在政治圈為此展開一場有辱人格的爭論。這引發了強烈不滿，煽動排外者對穆斯林的更多憎恨。而凡是聲稱伊斯蘭教不屬於德國的人，不僅把一整個宗教排除在外，也將400多萬人排除在外。有這麼多穆斯林和我們一同生活，他們多半已經在德國生活多年或數十年，還有許多人是在這裡出生的。他們之中每兩人就有一人是德國公民。穆斯林在聯邦議院和各邦議會擔任議員，在商界和政界位居要職或是在學校任教，是我們的鄰居和朋友。因為他們的信仰，他們就都不該屬於我們嗎？每個人都可以有自己的信仰，並且按照他認為正確的方式過他的宗教生活。不管是獨自在安靜的小房間裡，還是和其他信眾一起慶祝、祈禱。這是一種人權。德國的清真寺寥寥可數，因為市民抗議興建清真寺，這就已經夠令人汗顏了，大多數的穆斯林被迫退至後室或臨時禮拜堂禱告或是從事宗教活動，德國另類選擇黨（參見P.113）甚至想要完全禁止清真寺和回教寺院——他們巴不得禁止整個伊斯蘭教。這是危險的。提出這種要求的人並未從德國歷史中學到教訓：在納粹政權下，數百萬名猶太人因其種族和信仰而送命。

1964年，數百名穆斯林在科隆大教堂（Kölner Dom）攤開他們的祈禱毯，在那裡慶祝齋戒月的結束。天主教教士邀請那些外籍客工到教堂來，因為城裡沒有清真寺。

「身為一個外國人，你……」要多像個德國人才行呢？

達莉雅最討厭聽到的稱讚是：「你的德語說得真好！」最令她厭煩的問題是：「你來自哪裡？」如果她回答「來自科隆」，下一個問題就會是：「喔，不，我的意思是你的故鄉在哪裡？」

如果達莉雅說德國是她的故鄉，有些人會露出奇怪的表情。而她的確是德國人，雖然她的家族起源於伊朗。她的祖父母在1979年以難民身分來到科隆，但她的父母親是在德國出生的。有時候達莉雅寧願自己叫做安娜。但即便如此，也很難讓這個14歲女孩免於聽到這些煩人的問題。達莉雅有著黑髮棕眼，而且膚色較深。因此，要接受她是德國人並且把德國稱作她的故鄉，許多人會感到猶豫。可是為什麼她不該稱德國為她的故鄉呢？故鄉就是你的家所在之處，就是你所愛與重視的人所住的地方。達莉雅會說兩種語言，和爺爺奶奶聊天時她說他們的母語波斯語。爸爸媽媽則從她小時候開始就跟她說德語。因為這樣，她就必須說自己是德國籍伊朗人或是伊朗裔德國人嗎？她並不覺得如此，這不是她認同的身分。有時候達莉雅很想更勇敢一點。如果又有人誇她「德語講得好」，她很想回答：「您的德語也講得很好！」只不過她沒有勇氣這麼做。如果有人稱呼她為移民子女，達莉雅會覺得特別刺耳。這讓她覺得自己像是一份檔案資料。不過，最近她很開心。她班上來了一位阿富汗難民兒童，那裡的人也說波斯語。那個女孩聽不懂老師說的話，老師就拜託達莉雅幫忙，然後說：「幸虧我們有妳！」

什麼叫德國式？
什麼是德國人？

誰也不會想到要去問一個美國人他「究竟」來自哪裡。而如今生活在美國及加拿大的北美洲人，他們的家族起源不僅是在歐洲，而是全世界。

美國和加拿大是他們的國家，他們則是美國人和加拿大人。在美國甚至沒有一種共同的官方語言或國家語言*。為什麼定義什麼是德國人對某些德國人來說卻這麼困難呢？沒有人會把流行歌手海倫・菲舍爾、搖滾歌手彼得・曼菲、足球明星梅蘇特・厄齊爾、盧卡斯・波多斯基或熱羅姆・博阿滕稱作「外國人」。博阿滕甚至在 2015 年被選為「德國最佳穿著男士」。而不只是德國的流行音樂界和足球界喜歡展示「他們的」知名「移民子女」，政黨或是電視名人也喜歡這麼做。這些例子明白顯示出：並沒有所謂「真正的德國人」。儘管如此，種族主義者卻再次挖出德國歷史中最黑暗的時期、納粹的「**種族民族主義式**」（Völkisch）思想。他們聲稱，是不是德國人乃是「血統」問題。如果要尋找德國人的種族起源，那就是擁有阿勒曼尼人（Alemannen）、法蘭克人、巴伐利亞人「血統」的人。然而，是不是德國人無關血統，而是國籍問題。因為德國人幾個世紀以來，有著許多不同的家族根源。即使民族主義者和一些政治人物不願承認，但德國是一個由移入者組成的國家，這些移入者共同成長，塑造了這個國家，也會繼續塑造下去。這個過程不會停止。隨著每個新來的人就會加上一點新的東西，我們只需要善加利用。

*譯註：大多數美國人都說英語，但美國聯邦法律中並未規定官方語言，許多官方文件都使用多種語言。

種族民族主義式是源自種族主義的術語：把民族定義為「種族」。

任何擁有德國國籍的人都是德國人。這和「血統」無關。

酸白菜和院子裡的小矮人：什麼是「德意志主導文化」？

如果你問一個外國人，說到德國他會想到什麼，他也許會舉出酸白菜、院子裡的小矮人雕像、勤奮的印象和舒服自在的氣氛。當政治人物要求難民認同「德意志主導文化」（deutsche Leitkultur）時，他們指的是這些嗎？

不，當然不是。他們既不需要吃酸白菜，也不需要在院子裡擺上小矮人雕像或是愜意地搖擺。如果勤奮，他們會比較容易在德國找到工作。但說句良心話：德國也有懶惰鬼，不管是在家庭裡、學校課堂上、公司或是政府機關。那麼，什麼是主導文化呢？我們喜歡以「思想家和文學家的民族」自居，舉出歌德（Johann Wolfgang Gothe）、席勒（Friedrich Schiller）或萊辛（Gotthold Ephraim Lessing）＊做為證明。不過，說實在的：並不是每個德國人都讀過他們最重要的作品，甚或能引用其中的句子。再說，其他國家也曾出現過

偉大的文學家和思想家，所以這不太可能是我們的主導文化。有些人會說德國人老愛感嘆和懷疑，這同樣不太可能是我們的主導文化，何況這也不是什麼值得自豪的特質。

不必再傷腦筋了：「德國主導文化」並不存在。主導文化一詞背後所代表的東西不僅塑造了德國，也塑造了歐洲以及歐

什麼是難民、族群融合、庇護政策或仇外心理？

洲的民主與開放社會。這包括承認已融入憲法與法律的人權思想，我們遵守這部憲法與法律，我們的國家與社會也以這部憲法與法律為準則。在德國，基本法就是德國人民居住的「房子」的骨架。而人民也包括那些最初來自其他地方的人，法律適用於我們每一個人。政黨政客喜歡對「主導文化」一詞握有解釋權，但他們的解釋卻眾說紛紜。假如一定要說，那麼至多只有一種塑造了歐洲的共同文化，亦即歐盟成員國秉持對彼此的尊重與包容來實現民主。這些價值觀保證了我們的平等、自由與正義。

少了對彼此的尊重就沒有和平。這在許多歐洲國家阻止了戰爭的發生，使得維持和平的時間長過世界上其他任何區域，也長過史上任何時期。少了尊重就沒有安全可言，不管是對外還是對內。社會的和平也要歸功於此。少了尊重和包容，我們所有人就沒有自由可言，對個人來說也一樣：自由一向是以不侵犯他人的自由為界線。這也適用於信仰和宗教。而且說到底：少了尊重和包容，就沒有正義。法律之前人人平等，誰要是觸犯了法律，就會被追究責任。但是不會有人因此被逐出社會，或是失去他的人權。這適用於所有生活在德國與歐洲的人，不論他是公民、訪客還是難民。正因為這種「主導文化」，歐洲的政治模式是全世界的典範，縱使目前有些國家和政客使這種文化岌岌可危。

誰若是認為主導文化代表每個來到德國的人都必須按照我們的方式生活，而拋棄自己的文化、宗教和信念，那麼這個人自己就已經違反了主導文化。

＊ 譯註：歌德最為讀者熟悉的作品包括小說《少年維特的煩惱》和劇作《浮士德》；席勒常與歌德並稱為德國最偉大的作家，重要作品包括劇作《威廉泰爾》，而貝多芬第9號交響曲中的合唱曲歌詞就是譜寫自他的詩作〈歡樂頌〉；萊辛是德國啟蒙運動時期的重要作家，他的劇作以及文藝理論對於德語文學後來的發展有很大的影響。

學習，學習，再學習：為什麼民主不僅是一種狀態？

沒有人生下來就是民主人士。一個人是否會成為民主公民，取決於他是否被教育成接受民主國家的權利與義務。但也取決於我們從未停止去共同實踐這些權利與義務。

你從小在家庭中就學到只有當每個人都遵守共同的規則，你們的共同生活才有可能成功。這種學習在學校裡繼續下去：你也學到什麼是民主，以及民主包含了哪些權利與義務。但情況並非總是如此。

在二次大戰及希特勒獨裁政權結束後，德國陷入一片混亂，被摧毀的不僅是房屋和城市。當時德國人必須建立一個新的國家。這會是個什麼樣的國家，應該適用哪些價值觀？德國人必須先弄清楚並且學習。當時占領德國的戰勝國美國、英國、法國和蘇聯有個共同目標：想要重新教育德國人，使德國再也不會發動戰爭。

但是，戰勝國對於國家形式抱持著不同意見。美國、英國和法國這幾個西方列強教育德國人接受民主國家的基本價值，亦即自由與平等。民主意謂著「由人民來統治」。因此，德國人必須學習以自由、平權的方式來制定社會與政治的規則。其結果是通過德意志聯邦共和國基本法和議會民主制。

在東部，蘇聯接管在社會主義國家德意志民主共和國重新教育德國人的工作。雖然德意志民主共和國的名稱中有民主二字，不過距離民主的價值觀卻很遙遠。在東德，決定一切的不是人民，而是德國統一社會黨（Sozialistische Einheitspartei Deutschlands，簡稱SED）。於是，一個新的專制政權取代了舊的專制政權。人民多次起而反抗，但沒有成功。直到蘇聯解體，東德人民方於1989年推翻暴虐的政權。他們爭取到了民主。

為民主所做的奮鬥以及盡可能以最好的方式來實踐民主的價值觀，這個過程永遠不會結束。畢竟社會與經濟、知識與科技不斷地進步，人類的可能性也跟著持續發展。所以政治和法律也必須與時俱進，以免損及關乎自由與平等的基本權利。這一點在專制國家並不會發生。那裡只存在壓迫人民、引發權力鬥爭和內戰，以及驅逐人民。

自由與平等不僅是人類的基本需求，也是每個人的基本權利。正因如此，難民才會來到這裡。實踐自由與民主意謂著什麼，以及每個人可以做出什麼樣的貢獻？這些都是來自專制國家的人所必須先學習的——就像每個孩子得在家裡和學校學習一樣。我們必須幫助他們。而協助他們最好的辦法就是恪守我們的價值觀，尤其是在彼此的相處當中。如果我們讓他們融入我們，就是活出民主的最好證明。這唯有共同努力才能辦到。

8

讓我們一起努力！
Packen wir's an!

生活在德國——
這些事
你本來就知道嗎？

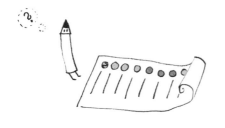

我們怎麼稱呼我們的政府領導人？目前我們的領導人是誰？德國總統是由誰選出來的？德意志聯邦共和國有幾個邦？德意志民主共和國是什麼？國家可以干涉兒童的教育嗎？

你知道這些問題的答案嗎？不知道的話，代表你還需要學習。想留在德國的難民和外國人也必須學習這些知識，還有許多別的東西。首先他們要學習的當然是語言。不會說德語的人就無法把這裡當成家鄉，無法上學或是學習一門職業，也很難找到工作。

此外，難民也必須去上一門融合課。在課堂上，他們會學到我們的國家是怎麼構成的，以及是什麼凝聚了我們的共同生活。包容、平權或是宗教自由在日常生活中意謂著什麼？誰可以跟誰結婚？勞工有哪些權利與義務？家長對自己的孩子有哪些權利與義務？這門課的內容包括「生活在德國」這一章。在這一章裡有針對各種主題的310個問題在等著他們，用各種例子來說明我們這個共同體是如何運作的。課程結束時，在33個挑選出來的問題裡，學員應該至少要能夠答對15題。之後想要取得德國籍的人，就必須再加深這方面的知識，在一項入籍測驗中必須答對17題。假如換作是你，你能辦到嗎？試試看回答下面這6個問題：

1. 下列何者適用於德國大多數的孩童？

a) 選舉義務 b) 就學義務 c) 緘默義務 d) 宗教義務

2. 在德國如果有人打小孩……

a) 這不關別人的事　b) 這只跟這一家人有關

c) 不會因此受罰　d) 會因此受罰

3. 在德國，法律所規定的安靜時間 從幾點開始？

a) 太陽下山的時候　b) 鄰居睡覺的時候

c) 午夜　d) 晚上十點

4. 在德國的人按照宗教包容的基本原則來生活。這意謂著什麼？

a) 不准建造清真寺　b) 所有的人都相信上帝

c) 每個人想信仰什麼都可以　d) 由國家來決定人民要信仰哪個神

5. 生活在德國的22歲年輕女子和她的男友住在一起。女方的父母覺得這樣不好，因為他們不喜歡她的男友。他們可以怎麼做？

a) 他們必須尊重已成年女兒的決定　b) 他們有權利把女兒接回家　c) 他們可以去警察局檢舉女兒　d) 他們替女兒另外找個男人

6. 在德國，遷徙自由的權利意謂著什麼？

a) 一個人可以自己選擇居住地點　b) 一個人可以更換職業　c) 一個人可以決定信仰另一個宗教

d) 一個人在公共場所活動時可以穿得很少

　　你知道正確的答案嗎？如果不知道，請教一下你的爸媽或是老師。在這本書的末尾你可以找到解答。

這整份問卷放在「德國聯邦移民與難民局」(www.bamf.de) 的線上測驗中心。你可以連上該網站，點選「生活在德國」(Leben in Deutsch-land)。

棘手的議題和禁忌：
難民在「德國概況速成班」裡學些什麼？

HALLO

馬格帝原籍埃及，在德國已經住了60年，他在融合課中向難民解說我們的世界。這件事他特別擅長，因為他也了解他們的世界。在他的課堂上會討論許多棘手的議題。

在歐洲，女性在夏天會穿著輕薄通風的衣服。「沒有理由盯著她們看，也沒有理由瞧不起她們。」馬格帝提出告誡，「你們也不會希望別人盯著你們戴頭巾的妻子看！」下一課：如果一個女孩或成年女子看著一名男子的眼睛，並且對他微笑，這是個友善的表示——不多也不少。在德國，大家打招呼時會看著對方的臉，也會跟女性握手，如果她先伸出手來。對一些穆斯林男性來說，這是個棘手的議題，因為他們被教養成不去碰觸陌生女子。

在德國稀鬆平常，卻令難民震驚的事情還有很多：例如，戀人肆無忌憚地在公眾場所當著其他人的面擁抱、親吻，或是兩個男人手牽著手散步。許多阿拉伯人和非洲人認為同性戀是種疾病，從前在德國也有這種看法。如今我們知道，一個人是異性戀（亦即受到異性吸引）還是同性戀乃是天生的。儘管如此，在德國仍有三分之一的人認為同性戀不正常。

不過，至少情況已經有了改變：在20年前還有四分之三的人認為同性戀不正常。在法律允許同性婚姻（亦即男人可以和男人結婚，女人可以和女人結婚）之前，曾有過長時間的激烈討論，如今德國的法律禁止國家歧視同性戀者。

儘管如此，當一位副總理和他的同性伴侶結婚，一名女性部長公開承認自己是同性戀者，有些人還是吃了一驚*。至於尚未正式離婚的德國總統和另一個女人同居，就像德國前總統約阿希姆·高克（Joachim Gauck），這在從前也會是個禁忌。在接待外賓和到國外進行國事訪問時，這名女子被視為「第一夫人」陪在他身旁。在一樁婚姻尚未終止之前，配偶不能再婚。德國不允許多妻制，這一點和穆斯林世界不同。

在像馬格帝所教授的這些課程中，難民得知像德國這樣的開放社會是什麼情況，也得知「開放」意謂著觀點和法律會持續改變，一如整個世界會持續改變。來上課的難民男女也被鼓勵去改變自己的看法和態度。這對他們來說有時相當困難，倘若與性和愛情有關，或是涉及兩性平權。因為在大多數難民的原籍國，性是個禁忌話題，而同性戀在許多國家遭到禁止，違反者會受到懲罰。

德國在1971年以前也是如此。

有些穆斯林也很不習慣女性就跟男性一樣有價值、擁有相同的權利；由於原籍國的法律，兩性平權的觀念對他們來說也相當陌生。有些穆斯林認為真主使男性比女性更優越（參見P.125）。如果有人這麼說，馬格帝就會問他：那麼梅克爾總理呢？真主也使你比她更優越嗎？這時候那些男性多半會開始深思，因為許多難民都敬仰這位女性總理。

禁忌意謂著某件事在沒有明言的情況下被禁止，基於一種文化或社會上的默契。

*譯註：德國前副總理基多·威斯特威勒（Guido Westerwelle）於2010年和同性伴侶舉行民事結合（一種類似婚姻的結合關係，以保護伴侶的法律權利）；德國環境部長芭芭拉·亨德里克斯（Barbara Hendricks）在2017年德國聯邦議院通過同性婚姻合法化法案後，與長年相戀的女友結婚。

拜託你們融入！
而我們又做了
些什麼呢？

難民在課程中學習我們的語言，以及關於德國他們所需要知道的事。他們得知德國人的思考方式與作風。到最後，難民應該要變成和我們一樣嗎？

身分構成了一個人或群體，把自己和其他人區分開來。這當然也包括她或他對自己的理解。

融合是指並存與互相，亦即在共同的價值基礎上活出自己和外來的文化。

不，那樣甚至會很可惜。畢竟他們使我們的國家和我們的生活更為豐富。尤其是因為他們提供了刺激，讓我們有機會跨出自己的小圈圈而看進另一個世界，一窺其原籍國的生活與文化。此外，誰也沒有權利剝奪另一個人的**身分**。誰也不准強迫別人否定自己的文化從而否定自己。這樣做是違反人權，會掀起爭執和衝突。誰若是拒絕對其他人表現出尊重和包容，就會危及整個社會的和平。我們期望外國人能夠融入我們當中。但融合一向是雙方的事：不只是外國人必須要努力融入我們，我們也得做點什麼來讓他們融入。融合不是一條單行道。融合是付出也是獲得。這個名詞本身就顯示出這是個什麼樣的過程：integration 源自拉丁文動詞 integrare，意思是接納、重新開始或是補充。引伸的意義則是用不同的部分組成一個新的整體。國家向難民提供課程以及社會救助，建立起融合的框架。我們則必須要一起用生活來將它填滿，藉由敞開大門來接納難民，不只是在字面意義上。因為自覺受到排斥的人會縮回自己人的圈子裡，這樣一來就會形成聚集區與平行社會。

如果一群特定的人生活在被隔離的街道和城區之中，就會形成聚集區。就難民來說，聚集區妨礙了融合。如果他們根本遇不到德國人，又要怎麼融入德國社會？

寧可縱橫交叉，不要平行：聚集區的缺點是什麼？

在這種情況下，他們很容易跟自己的同胞繼續只使用母語交談，而不去學習或練習德語。這使得他們在學校學習以及職業訓練上變得困難，也會降低找到工作的機會。沒有德國鄰居的人很難跟本地人有所接觸，也無法真正得知德國人是怎麼生活的。單是上一門課並不足夠。如果難民生活在聚集區裡，他們就永遠是身在異鄉的外國人。這可能會導致平行社會的形成，他們在那裡繼續按照家鄉的規矩來生活，而這些規矩有部分和德國的規矩有所抵觸。如果來自不同國家的人一起生活在一個聚集區裡，那麼勢必會產生衝突。而衝突並非在這種情況下才會出現：他們的孩子在學校裡學到女性和男性擁有同樣的權利，而家中掌權並且貫徹其權力的卻仍舊是父親——在最糟的情況下是使用暴力。一名男性若想要改變自己、改變這種情況，他就會承受來自群體的壓力。在聚集區裡，社會控制的力量很大，不僅是對外國人而言。衝突往往會成為犯罪的溫床。不過，如今也有另一種聚集區：在我們的大城市裡有愈來愈多豪華住宅區形成，只有非常有錢的人才住得起，其他人則受到排斥。這也會使社會分裂，並且暗藏著爆炸性：因為到最後每個人都只想到自己。

聚集區（Ghetto）最早出現於中世紀，猶太人被限制居住地，和其他人隔離開來。納粹時期，猶太人則被強行送入隔離區，做為驅逐至死亡集中營的預備階段。

斯圖加特廢除了「外國人」。這是怎麼辦到的？

有來自180個國家、說著100多種語言的人在斯圖加特生活，不過按照官方的說法那裡不再有「外國人」。多年來，一個成員多元的聯盟促進了融合。

斯圖加特及其周圍有許多大公司。當這座城市發現該地區汽車的數量是兒童的4倍之多時，決定採取積極行動，好讓足夠的勞動力繼續成長。也因為這個原因，移入者受到高度歡迎。

在德國施瓦本（Schwaben）地區的這個大都會，60萬居民當中有超過40%的人其家族源自外國，在青少年當中甚至超過一半。早在1990年代，那裡的政治人物就特別致力於使外國人融入當地社會。到了2000年，當時的斯圖加特市長最終決定：「我們的城市不再有外國人，」並且宣布：「凡是住在斯圖加特的人都是斯圖加特人。」同時他也廢除了外國人委員會，並且打造出「促進融合聯盟」：一個由市民團體、移民社團、各基金會、市政府以及巴登－符騰堡邦（Baden-Württemberg）締結而成的網狀組織，從此致力於教育和融合。幾千名志工一起幫忙：教育志工在幼稚園裡講故事，協助中小學生學習，或是陪伴接受職業訓練的學徒進入一門職業。「媽媽德語班」這門課一向報名踴躍，媽媽們在課堂上學習對她們來說是外語的德語，讓她們更能夠協助孩子，以及可以為自己做點什麼。在市中心有個「歡迎中心」，為每個剛到斯圖加特的人提供諮詢和協助，不論他來自何處。各個城區的青少年活動中心、養老院和康樂中心都對所有人開放，做為跨文

化的聚會場所。這類地點有著像是「街坊咖啡館」這樣的名稱。「斯圖加特文化交流協會」則是由一百多個移民社團所組成，每年夏天都會舉辦盛大的慶祝活動，整座城市一起慶祝。

在其他地方，排外者和團體試圖用示威和抗議來阻止難民或移民住進他們的街坊。而斯圖加特的各個城區及郊區，德國人和移入者比鄰而居——不管是在比爾卡赫（Birkach）、波特南（Botnang）或是巴德康斯達特（Bad Cannstatt）、德格爾羅赫（Degerloch）、希倫布赫（Sillenbuch）、旺恩（Wangen）或是祖文豪森（Zuffenhausen）。這座城市裡沒有聚集區（參見P.141），並且阻止了聚集區的形成：斯圖加特的房地產公司必須確保他們所管理的住宅中，非歐盟公民的居民人數不能超過20%，避免平行社會形成。

斯圖加特的「促進融合聯盟」被**歐洲理事會**視為貫徹融合理念的典範。這座城市得到**聯合國教科文組織**的肯定，並且因其社區精神獲得德國聯邦政府的表揚。

歐洲理事會是由47個國家所組成的聯盟，包括非歐盟國家在內；以色列、日本、加拿大、墨西哥、美國以及梵蒂岡也是這個聯盟的觀察員。歐洲理事會於1949年成立，為了促進人權的實踐。

聯合國教科文組織的全名為「聯合國教育、科學與文化組織」，簡稱UNESCO。

德國施瓦本地區的大城斯圖加特。

從他、她和我變成我們：我們可以做些什麼來達成這個目標？

在一個陌生的城市或一所新學校，你要怎麼找到朋友？如果班上來了新同學，或是附近搬來了新鄰居，你們會怎麼做？你們會先好奇地觀望，然後試著和對方交談，看看你們有什麼共同點。

比起成年人，這件事對兒童和青少年來說通常比較容易。你們比較自動自發，而且好奇。大人往往缺少勇氣，也不像你們這麼無拘無束。你們通常能夠更快融入一個新環境，也更容易和別人交流。

不過，面對「真正的」外國人，亦即來自其他國家、其他文化的人，就連像你們這樣的年輕人有時也會不敢和對方接觸。拋開這種顧忌吧！認識彼此，從而多認識這個世界一點，這樣的機會是無窮的，而讓你們和其他人互相融合的機會也有很多。抓住機會好好把握——好比在學校裡。為什麼「新來的」就要一起坐在教室後排？拋開原有的座位次序，交換你們的座位。這也不必是永久的。下課時間在校園裡別再形成小團體！不要分成兩邊，原本熟悉的小團體在這邊，難民同學在另一邊：走向對方，邀請對方加入，互相追問各種問題，你們有許多話可以告訴對方。如果出於尷尬而想不出該用什麼話題開場，那就針對上課的內容提出問題或加以說明。也可以請難民同學說說他們以前的學校是什麼情況。隨便談什麼都

「愛與尊重要勝過任何課程。」談到融合，拉菲克‧沙米（Rafik Schami）*如此說道。這位作家於1970年逃離祖國敘利亞，目前居住在德國。

＊ 譯註：拉菲克‧沙米（1946-）是德語世界著名的作家，他以阿拉伯文和德文兩種語言寫作，作品獲獎無數。

好：你們愈常交談，談得愈多，新來的同學就能把德語學得更好，你們也會更加親近。千萬不要用結結巴巴的「外國人德語」跟他們說話，而要造完整的句子。

　　你是社團成員嗎？是踢足球、參加合唱團，還是寧可在青少年活動中心放鬆一下？邀請難民同學一起去。也許一起去城裡逛一圈？下一次就來一場猜謎比賽？那你們就能測試彼此，看看每個人對自己生活的環境究竟知道多少。向彼此解說你們最喜歡玩的遊戲，一起來玩玩看。你們將會發現，世界各國的許多遊戲都很相似，往往只是名稱不同。你們的學校裡有廚房嗎？如果有，你們可以一起動手做你們最愛吃的食物，在下回學校舉辦慶祝活動時，就能用各式各樣的異國料理給家長和老師一個驚喜。

　　總之，張開你們的眼睛、耳朵和雙臂，你們的世界會變得更寬闊。

在www.unicef.de這個網站上，你可以下載一本介紹世界各地遊戲的小冊子。只要在右上方的搜尋欄位鍵入「Spiele rund um die Welt」(世界各地的遊戲)就行了。

「隨他們弄得天下大亂……」為什麼一切都不可能再和從前一樣？

「在禮拜天和過節的日子閒聊，我認為最好莫過於談點戰爭和戰爭的喧囂，在遙遠的土耳其，各民族正打得不可開交。」你讀過這首詩嗎？這是出自歌德的劇作《浮士德》。

在那一幕裡，兩個市民在復活節時一起散步，慶幸自己的日子過得真好，其中一人說：「站在窗前喝杯小酒，俯瞰各色船隻沿河滑行。傍晚時快樂地走回家去，祝福和平與太平盛世。」另一人答道：「鄰居先生，是啊！我也深有同感：隨他們把彼此的腦袋劈成兩半，隨他們弄得天下大亂，只要我們的家鄉依舊平安。」這首詩寫於18世紀。如果今天在哪個「遙遠的地方」有不同的民族互相廝殺，還是有民兵或叛軍打掉同胞的腦袋，我們早已無法愜意地置身事外。隨著難民的到來，危機、戰爭和戰爭所帶來的困苦有了一張臉，來到離我們咫尺之處。誰也無法假裝一切「如舊」。世界上任何地方所發生的事都也都和我們有關。

我們是全球化的贏家。世界對我們敞開，你可以到處旅行，想去哪裡就去哪裡。金錢、服務和貨物的流動不再有國界，多虧了網路，通訊也不再有國界。你可以和世界各地的青少年聊天或是玩電腦遊戲。假

　什麼是難民、族群融合、庇護政策或仇外心理？

如你的一位網友向你呼救，甚至突然出現在你家門口，會發生什麼事？這種情況幾乎不會發生，因為國界並非對所有人都是敞開的，尤其是對那些最需要的人：威脅、暴力或天災的受害者。難民流離失所並不是他們的錯，而且他們也無能為力。這種情況在短時間內也不會改變，相反地，還有數百萬人將被迫離開他們的家園。關閉的邊界也嚇不走那些因為身體及生命遭到威脅而逃離的人。他只想去到一個能夠讓他安全、自由和過更好生活的地方。

我們每個人不也都會這麼做嗎？

如果政治和經濟情況沒有翻轉，如果我們不顧後果堅持自己的需求和總是未經考慮的行為，這種情況就不會改變，也不可能改變。那麼我們該怎麼做呢？與其驚慌不安，我們應該要看到並且加以利用這些隨著外國人而來的機會。根據聯合國統計，2015年約有2億4,400萬人在他們祖國之外的地方生活至少一年，其中只有十分之一是難民。我們應該因為這些難民而感到害怕嗎？他們和我們的未來取決於融合、教育和工作。我們其實應該自問：我們是誰？我們想成為什麼樣的人？我們對待難民的方式將顯示出我們有多認真看待自身的基本價值，亦即尊重、包容以及所有人享有平等的權利。我們自己是否遵守我們的「主導文化」原則？我們愈能遵守這些原則生活，難民就愈容易理解、接受並遵循這些原則。

堅持下去，一起努力：你還可以在哪些地方找到更多資訊？

有許多網站針對流亡和融合這個主題提供進一步的資訊以及最新報導與建議。以下是一些經過挑選的網址：

UNHCR「聯合國難民署」（United Nations High Commissioner for Refugees）的縮寫。當難民受到不公平的待遇，或是各國未履行應盡的義務，這個組織就會直言不諱。在www.unhcr.de這個網站上你可以找到許多資訊和最新報導，關於聯合國難民署的工作以及世界各地難民的處境。www.lastexitflucht.org是聯合國難民署的一款電腦遊戲，模擬難民所遭逢的處境，你得要一一克服。這雖然是個遊戲，但並不「好玩」，而且不適合神經衰弱的人。

Pro Asyl（字意為「支持庇護權」）是一個非政府組織（NGO），獨立於政府之外，致力於人權庇護。該組織的工作人員在申請庇護的程序中協助難民和當局打交道，並提供法律諮詢。倘若有人庇護權遭拒或是面臨被非法驅逐出境的危險，他們會發出警報，並且插手干預。（www.proasyl.de）

www.fluechtlinge-willkommen.de 在這個網址背後是一個志工團體，他們協助難民找到住所、工作或學徒職位。

阿瑪迪歐・安托尼奧基金會（Amadeu-Antonio-Stiftung）：該基金會

什麼是難民、族群融合、庇護政策或仇外心理？

（www.amadeu-antonio-stiftung.de 以及 www.mut-gegen-rechte-gewalt.de）
自1998年以來推行了950項計畫，在德國各地致力於對抗極右派分子、種族主義和反猶主義。他們和地方政府、聯邦政府以及其他許多市民團體合作。阿瑪迪歐・安托尼奧於1990年在布蘭登堡邦（brandenburgischen）的埃伯斯瓦爾德（Eberswalde）遭極右派的青少年毆打致死，因為他是黑人。

www.frieden-und-sicherheit.de 這是「青少年與教育基金會」為中小學生及教師所製作的網站。在這個網站上，每個月都有一個當前的特殊專題，針對世界各地的危機、衝突與戰爭及其後果提供背景資訊。還有相關影片、互動地圖和常識測驗，加上與「和平與安全」議題相關的各個組織的資訊，以及作業單。

www.migazin.de 這個線上新聞雜誌是由志工（有些作者具有移民背景，有些沒有）提供來自政治、社會、經濟與法律領域的文章與科學研究，並且推薦文學、戲劇及電影作品。

www.bagiv.de 「德國移民社團聯邦工作總會」（Bundes-arbeitsgemeinschaft der Immigrantenverbände in Deutschland）是由許多不同的移民團體所共同組成，目的在於促進融合。

www.damigra.de 「女性移民自力組織聯會」（Dachverband für Selbstorganisationen von Migrantinnen）以多種語言提供有關女性移民處境的資訊。資料庫可協助她們在居住地附近找到相關組織。

www.bpb.de/gesellschaft/migration 連上這個網頁，你會找到許多資料：有關歷史、政治以及社會發展的報導，針對移民與融合的背景資訊，還有30個國家的概況。你可以向「聯邦政治教育中心」(Bundeszentrale für Politische Bildung, bpb) 以及各邦的政治教育中心免費索取相關資料、手冊和書籍，或以低廉的價格訂購。

在前文各章中也可以找到能讓你取得進一步資訊與資料的網址。

名詞解釋

驅逐出境（Abschiebung）：強制一個人離開國境，通常是搭乘飛機。
　　一旦被驅逐出境，此人就被禁止再度入境。

阿拉伯之春（Arabischer Frühling）：2011年春天，在突尼西亞、利比
　　亞與埃及等阿拉伯國家所發生的民眾抗議活動。

庇護權或政治庇護（Asylrecht）：屬於基本人權，在德國基本法第
　　16a條明訂為基本權利：「凡受政治迫害者得享政治庇護。」
　　亦即可要求在德國獲得收容。

尋求庇護者（Asylsuchende）或「申請庇護者」（Asylbewerber）：處於
　　申請庇護程序中的人。他們必須待在指定的集體住處，不能
　　自由地到處旅行，前3個月內也禁止工作。國家會提供他們
　　住處、食物、衣服、醫療服務、衛生用品以及零用金（截至
　　2016年的金額為143歐元）。

申請庇護程序（Asylverfahren）：任何希望根據德國基本法第16a條
　　獲得庇護的人，都必須提出申請。德國聯邦移民與難民局會
　　個別審核每一份申請。如果對該局所做的裁決不服，可以向
　　法院提出異議。

居留法（Aufenthaltsgesetz）：規範非歐盟居民的出入境及居留事宜。
　　獲得承認的難民可得到為期3年的居留與工作許可，期滿之
　　後，如果他們逃亡的理由仍舊存在，就能無限期在德國定居。

排外（Ausländerfeindlichkeit）：排斥移民，往往也針對移民的子女，
　　就算他們是德國公民也一樣。

德國聯邦移民與難民局（Bundesamt für Migration und Flüchtlinge，簡稱
BAMF）：負責處理難民申請庇護的程序。

第三國（Drittstaaten）：不屬於歐盟，也不屬於歐洲經濟區或瑞士的
　　國家。

都柏林規則（Dublin-Verfahren）：由歐盟國家以及冰島和挪威所制訂

的規定。根據此一規定，申請庇護的人只能在單一國家進入庇護申請程序，一般說來是在他最先入境的《都柏林公約》簽署國。（譯按：意思是難民不能在一個國家申請了庇護之後，又去另一個國家申請庇護。）

容忍居留（Duldung）：必須離境但基於人道理由不能將之驅逐出境的人會獲得容忍居留，但隨時有可能會被驅逐出境。

入籍測驗（Einbürgerungstest）：這是申請取得德國國籍的人必須通過的知識測驗，在「融合課」中有此一測驗的濃縮版。

難民（Flüchtling）：根據1951年的《日內瓦難民公約》，難民的定義是：「凡是因種族、宗教、國籍、身為特殊社會團體成員或所持之政治信念，而有充分理由害怕遭到迫害，因此置身於原籍國領域之外，不能或不願返回原籍國接受該國保護者。」

遷徙自由（Freizügigkeit）：可以任意選擇定居地點的權利，在歐盟境內適用於成員國的所有公民。

仇外（Fremdenfeindlichkeit）：從根本上反對外國人，也就是說不只針對移民，而也針對像觀光客之類的外國人。

日內瓦難民公約（Genfer Flüchtlingskonvention，簡稱GFK）：關於被迫逃難之人的法律地位，1951年由各國簽署的國際法協定；也請參見針對「難民」一詞的解釋。

融合（Integration）：讓移民與難民融入社會與國家。

柯尼斯坦公式（Königsteiner Schlüssel）：德國政府依此公式計算出各邦必須接納的難民人數；這個配額每年都會根據各邦的經濟實力（稅收）與人口數重新計算。

配額難民（Kontingent-flüchtlinge）：特別需要援助和保護的難民在避難國或收容他們的國家仍舊處境危險，因此由聯合國難民署直接送往更安全的國家。全世界有25個國家接納配額難民。

主流文化（Leitkultur）：原本是指做為歐盟基礎的價值觀、基本權利與人權；政治人物對此做出各種不同的詮釋，有時僅限於德國。

移民（Migraten）：泛指所有短期或長期離開自己的國家而到另一個國家去工作或生活的人。

移民背景（Migrationshintergrund）：按照官方的說法，凡是自1949年以後移入德意志聯邦共和國的人都具有移民背景，而在德國出生的外國人或父母親至少有一方出生時沒有德國籍的人也具有移民背景。

平行社會（Parallelgesellschaft）：當某個特定族群的人與其他人隔離開來，按照與德國通行相抵觸的規則來生活，就會形成平行社會。

歐洲愛國者反對西方伊斯蘭化（Patriotische Europäer gegen die Islamisierung des Abendlandes，簡稱PEGIDA）：仇視外國人和伊斯蘭教的組織，自2014年以來，持續以示威活動引起大眾注意。針對其成員的犯罪行為而展開調查的案件約有1,000起，涉及的罪名從對他人身體傷害到煽動群眾，乃至涉嫌組織恐怖主義團體。

政治難民（Politische Flüchtlinge）：由於具體的政治因素（參見「日內瓦難民公約」一詞的解釋）而有生命危險的難民。

申根公約（Schengener Abkommen）：1985年，德國、法國與荷比盧三國（荷蘭、比利時、盧森堡）在盧森堡的小鎮申根（Schengen）協議取消彼此的邊境管制；如今《申根公約》涵蓋的範圍包括28個歐盟成員國當中的22個，再加上挪威、瑞士、列支登士敦與冰島。由於難民人數眾多，其中幾個國家暫時中止了這個公約。

受保護地位（Schutzstatus）：適用於依據《日內瓦難民公約》而尋求庇護或收容的人，但不適用於因為天災或貧窮而被迫逃離的人。

安全原籍國（Sichere Herkunftsländer）：國內情勢被難民尋求庇護的國家視為「安全」的國家，因此不構成申請庇護的理由。哪些國家屬於安全原籍國，則由難民尋求庇護的國家自行確認。

公民身分（Staatsbürgerschaft）：只要父母雙方都是德國籍，那麼孩子一出生就是德國人。自2000年起，在特定條件下，在德國出生即具有德國籍＊。若是在德國已居住8年，擁有永久居留權，具備足夠的德語能力，能夠自己賺取生活費用，並且通過入籍測驗，就可以申請成為德國公民。

暫時保護或輔助性保護（Subsidiärer Schutz）：如果一個人既非被迫逃亡，也不被視為政治難民，但其身體與生命仍舊受到威脅，而無法將之驅逐出境，就能獲得暫時保護。

沒有成年人陪伴的未成年難民（Unbegleitete minderjährige Flüchtlinge，簡稱UMF）：在沒有父母親或監護人陪同的情況下，抵達避難國的兒童與青少年。未成年的難民不會被驅逐出境。

聯合國難民署：全名為「聯合國難民事務高級專員辦事處」（Office of the United Nations High Commissioner for Refugees，簡稱UNHCR），是聯合國組織中負責保護及援助難民的機構，1950年由聯合國大會成立，以援助二次大戰後的數百萬難民。該機構的最高負責人為高級專員。聯合國難民署曾兩度獲頒諾貝爾和平獎。

聯合國組織（United Nations Organization，簡稱UNO）：1945年由58個國家成立（至今有193個會員國），目的在於保障和平並且貫徹人權。

＊ 譯註：根據2000年生效的《新國籍法》，在德國出生的外國人在下述情況有資格取得德國籍：父母當中有一方已在德國連續居住8年以上，父母中一方擁有長期居留許可3年以上，或者已擁有永久居留許可。

＊ P.136小測驗的答案為b、d、d、c、a、a

向下扎根！
德國教育的公民思辨課 4——

什麼是難民、族群融合、
庇護政策或仇外心理？
看見他人困境的理解能力

Nachgefragt: Flucht und Integration
© 2016 Loewe Verlag Gmbh, Bindlach
through Jia-xi Books Co. Ltd., Taipei

向下扎根！德國教育的公民思辨課.4,
「什麼是難民、族群融合、庇護政策或仇外
心理？」：看見他人困境的理解能力／
克莉絲汀・舒茲－萊斯（Christine Schulz-
Reiss）文；薇瑞娜・巴浩斯（Verena
Ballhaus）圖；姬健梅譯
.－初版.－台北市：麥田出版：
家庭傳媒城邦分公司發行，2018.06
譯自：Nachgefragt : Flucht und Integration
ISBN 978-986-344-564-7（平裝）
1.民主教育
528.36   107007200

封面設計　廖韡
印　　刷　漾格科技股份有限公司
初版一刷　2018年6月
初版九刷　2021年11月

定　　價　新台幣299元
ＩＳＢＮ　978-986-344-564-7
Printed in Taiwan
著作權所有・翻印必究

作　　者　克莉絲汀・舒茲—萊斯（Christine Schulz-Reiss）／文
　　　　　薇瑞娜・巴浩斯（Verena Ballhaus）／圖
譯　　者　姬健梅
責任編輯　林如峰
國際版權　吳玲緯　蔡傳宜
行　　銷　艾青荷　黃家瑜　蘇莞婷
業　　務　李再星　陳玫潾　陳美燕
主　　編　林怡君
編輯總監　劉麗真
總 經 理　陳逸瑛
發 行 人　涂玉雲

出　　版

麥田出版
台北市中山區104民生東路二段141號5樓
電話：(02) 2-2500-7696　傳真：(02) 2500-1966
網站：http://www.ryefield.com.tw

發　　行

英屬蓋曼群島商家庭傳媒股份有限公司城邦分公司
地址：10483台北市民生東路二段141號11樓
網址：http://www.cite.com.tw
客服專線：(02)2500-7718; 2500-7719
24小時傳真專線：(02)2500-1990; 2500-1991
服務時間：週一至週五 09:30-12:00; 13:30-17:00
劃撥帳號：19863813　戶名：書虫股份有限公司
讀者服務信箱：service@readingclub.com.tw

香港發行所

城邦（香港）出版集團有限公司
地址：香港灣仔駱克道193號東超商業中心1樓
電話：+852-2508-6231　傳真：+852-2578-9337
電郵：hkcite@biznetvigator.com

馬新發行所

城邦（馬新）出版集團【Cite(M) Sdn. Bhd. (458372U)】
地址：41, Jalan Radin Anum, Bandar Baru Sri Petaling,
57000 Kuala Lumpur, Malaysia.
電話：+603-9057-8822　傳真：+603-9057-6622
電郵：cite@cite.com.my